왜일까요?

꾸밈으로 보는 세계 문화

엮은이

이원중

초등학교 저학년을 위한 〈딩동~ 도감〉 시리즈를 여러 권 기획하였으며,

〈딩동~ 도감〉과 〈댕글댕글~〉 시리즈를 펴내는 도서출판 지성사 대표입니다.

감수

김희영

서울교육대학교 초등교육과를 졸업하였으며,

같은 대학교 교육전문대학원(초등교육과정)을 수료하였습니다.

지금은 서울에 있는 초등학교에서 학생들을 가르치고 있습니다.

댕글댕글~
왜일까요? 꾸밈으로 보는 세계 문화

초판 1쇄 발행일 2024년 11월 8일

엮은이 이원중
감 수 김희영
펴낸이 이원중

펴낸곳 지성사 **출판등록일** 1993년 12월 9일 **등록번호** 제10-916호
주소 (03458) 서울시 은평구 진흥로 68, 2층
전화 (02) 335-5494 **팩스** (02) 335-5496
홈페이지 www.jisungsa.co.kr **이메일** jisungsa@hanmail.net

ⓒ 이원중, 2024

ISBN 978-89-7889-557-6 (73380)

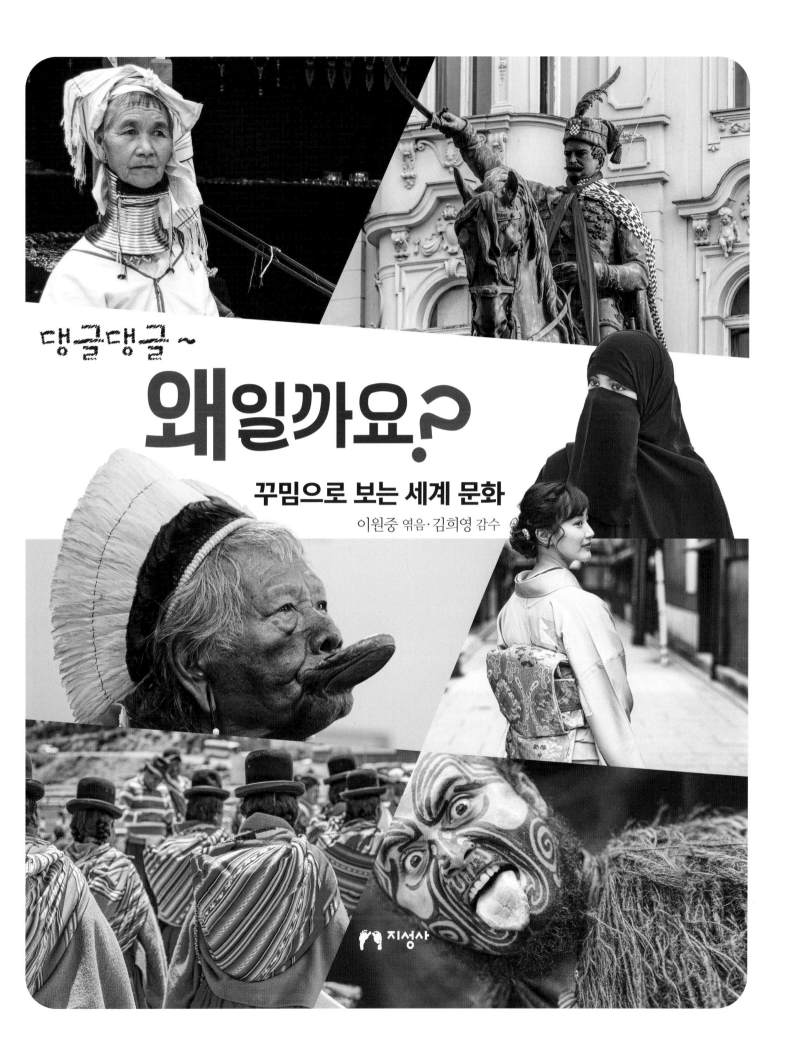

댕글댕글~

왜 일까요?

꾸밈으로 보는 세계 문화

이원중 엮음 · 김희영 감수

지성사

우리가 자주 쓰는 '문화'라는 낱말은 간단하게 설명하기가 어렵습니다. 문화란 사람과 사람이 어울려 생활하면서 오랜 세월에 걸쳐 함께 이루어 낸 입고 먹고 사는 곳(의식주)을 포함하여 언어, 풍습, 종교, 학문, 예술, 제도 따위를 모두 아우르는 말입니다.

따라서 우리는 다른 나라 사람들이 살아가는 모습을 접하면서 쉽게 이해할 수도 있고, 또 그렇지 않을 수도 있습니다. 우리가 이해하지 못한다고 해서 무시해서는 안 되는 것이 바로 각 나라의 문화라고 생각합니다.

피부가 우리나라 사람들처럼 살구색이 있고, 하얀 피부 그리고 검은 피부도 있습니다. 이는 각 지역의 자연환경에 적응한 결과이지, 멋을 위해 선택한 것은 아닙니다. 내가 좋아하는 것은 있을 수 있지만, 내가 좋아하지 않는다고 해서 뒤떨어진 것이 아님을 이 책을 준비하면서 새삼 깨달았습니다.

이 책은 '왜일까?'라는 물음에 답을 찾는 소소한 기록입니다. 사실 자료 몇 가지에서 답을 찾는다는 것은 어려울 뿐만 아니라 충분하지 않습니다. 단지 여기에서는 호기심이 곧 관심의 시작임을 보여 주려고 합니다. 다시 말해, 이 책을 읽고 독자들이 자신만의 공부를 시작하는 계기가 되었으면 합니다.

어떤 분야에 관심이 있다면 그에 대해 꾸준하게 자료를 찾아 기록하고 생각을 정리하는 과정이 필요합니다. 그리고 그 과정 속에서 단순한 정보가 아니라 다양한 시각에서 생기는 '왜?'에 풍부한 이야깃거리를 풀어내는 이야기꾼이 되었으면 좋겠습니다.

관심은 여러분을 생기있게 합니다. 단지 한 번에 그치는 관심이 아니라 꾸준하게 자신만의 공부를 이끌어 주는 관심이라면 더욱 좋겠지요. 자신만의 특별한 관심이 쌓이다 보면 사회를 살아가는 데 필요한 여러분의 멋진 무기가 될 것입니다.

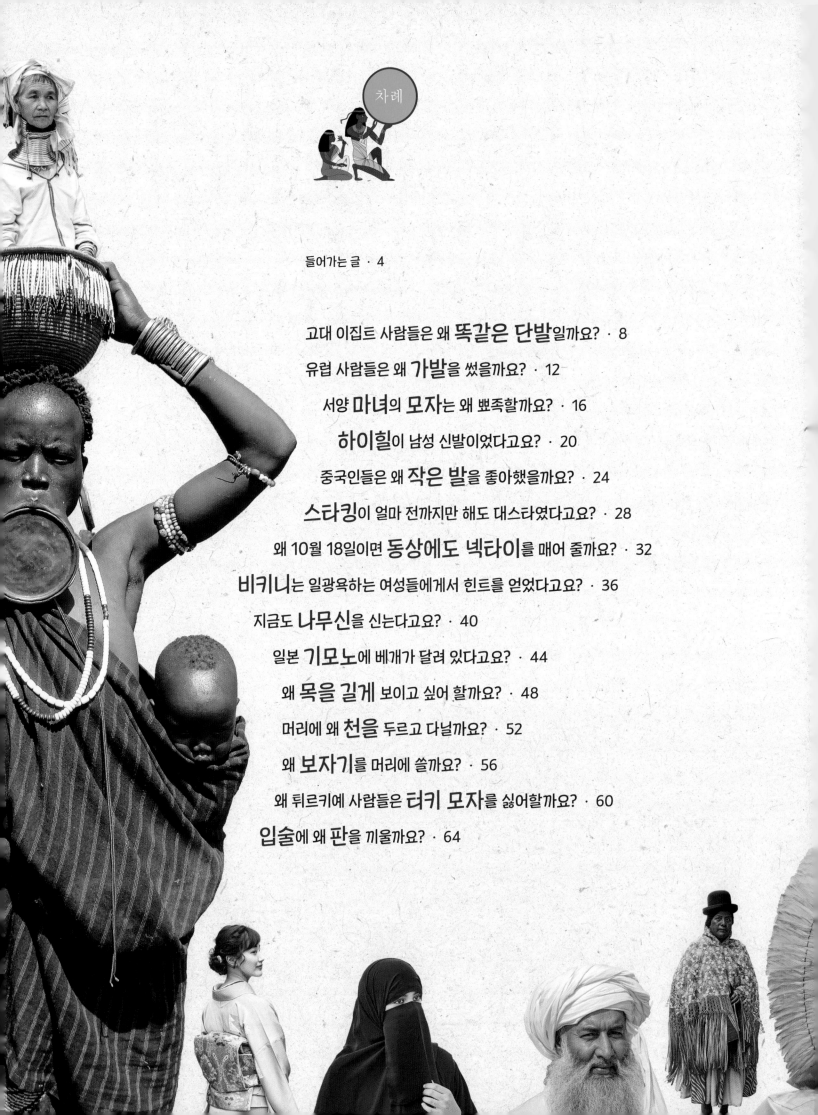

차례

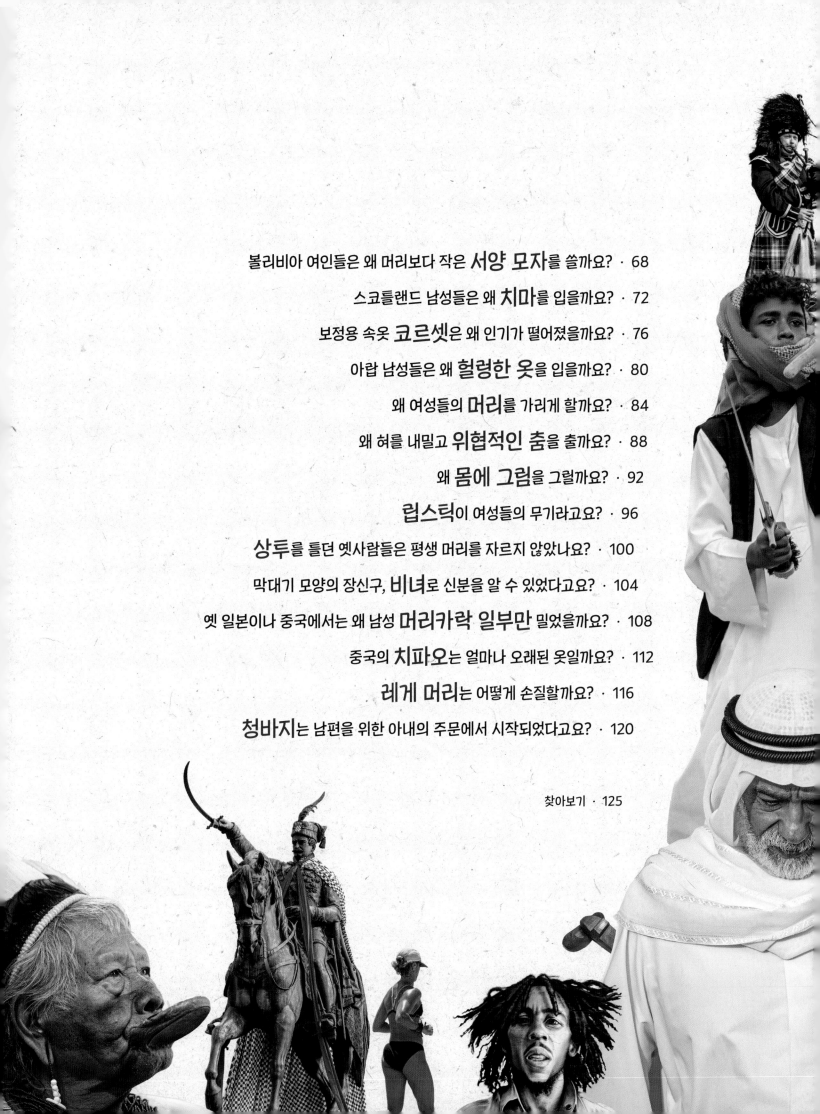

고대 이집트 사람들은 왜 똑같은 단발일까요?

이집트

이집트의 오래된 사원에 새겨진 벽화에는 아주 오랜 옛날 고대 이집트에 살았던 사람들의 모습이 고스란히 담겨 있어요. 여기서 궁금한 점 하나, 왜 머리 모양이 단발로 똑같을까요? 남성이나 여성 모두 그렇군요.

고대 이집트 사람들이 살던 때는 지금처럼 깨끗하게 씻을 만한 환경이 아니었어요. 당연히 머리도 자주 감을 수 없어 머리에서 냄새가 나는 것은 물론이고 벌레도 생겼겠지요?

당시 이집트에는 기후 영향으로 생긴 감염병이 많았다고 해요. 고대 이집트 사람들은 나쁜 냄새를 모든 병의 원인으로 생각했어요. 머리에서 고약한 냄새가 나니까 남녀노소 모두 머리카락을 싹 밀든지 아주 짧게 잘랐답니다.

이렇게 위생 문제는 해결했지만, 내리쬐는 뜨거운 태양을 견디기가 여간 힘든 것이 아니었어요. 머리에 머리카락이 한 올도 없으니 이글거리는 햇볕을 받으면서 움직이면 머리꼭지(정수리) 부분이 화끈거리고 무척 따끔거렸을 거예요. 그래서 머리를 보호하려고 생각해 낸 것이 바로 가발이었어요.

고대 이집트 벽화에 등장하는 왕이나 왕비, 그리고 귀족, 보통 사람 모두가 그렇지요. 가발 모양이 짧은 단발인 것은 좀 더 가볍고 머리를 시원하게 하기 위해서라고 해요.

◀ 고대 이집트의 벽화를 다시 표현한 그림이에요. 이집트의 상형문자(사물의 모양을 본떠 만든 글자, 그림글)를 비롯하여 머리를 완전히 밀거나 가발을 쓴 사람들이 보이네요.

▶ 고대 이집트의 제4왕조 시기(기원전 2613~기원전 2494년경)에 살았던 가발을 쓴 노프레트(또는 네페르트) 공주 동상

▲ 고대 이집트의 상형문자를 비롯하여 농업과 어업, 가축 기르기, 주술과 생활 따위를 엿볼 수 있는 벽화를 다시 표현한 그림이에요.

　이처럼 모두가 가발을 쓰게 되자 지위가 높거나 돈이 많은 사람들은 사람의 머리카락으로 만든 좀 더 가벼운 가발을 썼고, 일반 사람들은 주변에서 쉽게 구할 수 있는 양털 따위로 만든 가발을 썼지요.

　시간이 흐르면서 권력이 있거나 돈이 있는 사람들의 가발은
짧은 모양새에서 긴 모양새로 바뀌었고, 또 가발
을 화려한 장신구로 치장하기도 했어요. 곧
가발의 모양과 길이는 신분을 나타내는
도구가 되었지요.

고대 이집트의 가발은 로마제국(기원전 27~476년. 기원전은 지금 우리가 사용하는 연도 이전을 뜻하며, 기원전 27년이란 2024년을 기준으로 2051년 전을 뜻해요)에 영향을 주었다고 해요. 당시 머리카락이 빠져서 고민이었던 로마 사람들에게 피부가 드러난 부위를 가리는 가발의 인기가 대단했답니다.

로마제국이 멸망한 뒤로는 약 1,000년 동안 유럽에서 가발이 사라지게 되어요. 로마 시대 이후 절대적인 힘을 가지게 된 가톨릭(교회)에서 가발을 금지했기 때문이지요. 가톨릭에서는 가발을 신의 은혜를 막는 악마의 도구로 여겼다고 해요. 가톨릭 의식 가운데 신도의 머리에 물을 뿌리는 세례가 있잖아요? 가발이 이 신성한 세례 의식을 가로막는다고 여긴 거예요.

이렇게 사라졌던 가발을 1300년 후반부터 1600년대 초기까지 다시 사람들이 많이 찾게 되지요. 이 시기를 '재생(다시 살아남)'과 '부활'이라는 뜻의 '르네상스 시대', 신 중심이 아닌 인간 중심의 시대라고 해요. 곧 문화와 예술 전반에서 고대 그리스와 로마 시대의 문학, 사상, 예술을 본받아 인간 중심의 정신을 되살리려는 시대였지요.

이 시기에 유럽에서는 피부에 작은 종기가 나고 머리카락이 빠지는 증상이 나타나는 병이 유행했다고 해요. 이 병에 걸린 사람들은 이것을 감추기 위해서 가발을 썼답니다. 머리카락이 풍성하면 건강과 부(또는 권력)를 가진 사람이라고 여겼거든요.

또 이 시대 사람들은 머리가 크고 머리카락이 풍성한 남성을 똑똑하다고 생각했대요. 머리가 크고 숱이 많은 사람을 지식인으로 여겼다는 뜻이지요. 영국 법관들이 가발을 쓴 것도 이와 관련이 있을 거예요. 지금도 영국 법관들이 가발을 쓰는 것은 나이, 남녀 차이에 아무 편견 없이 법 앞에서 평등을 지켜 낸다는 의미가 더해졌다고 해요.

◀ 영국의 법관들은 1300년대부터 가발을 썼다고 해요. 법관들은 가발을 만들면 그 가발을 평생 썼어요. 가발이 낡을수록 법관이 된 지 오래되어 경험이 풍부하다는 것을 보여 주기 때문이래요.

프랑스에서는 여덟 살에 왕위에 오른 루이 13세(1601~1643년)가 일찍감치 머리카락이 빠져서 가발을 썼어요. 아들인 루이 14세(1638~1715년)도 아버지 뒤를 이어서 가발을 즐겨 쓴 왕으로 기록되었답니다. 왕이 이런데 관리들은 어떻겠어요? 서로 경쟁하듯이 가발을 썼다고 해요.

화려하게 치장하면서 가발의 길이 따위로 뽐내다가 시간이 흐르면서 가발 색깔로 경쟁했대요.

당시 사람들은 흰색이 권위와 지성을 나타낸다고 여겨 앞다투어 가발을 하얗게 했어요. 하얗게 치장하는 것에 들어가는 재료 가운데 하나가 밀가루였지요. 밀가루가 빵을 만드는 데 쓰이는 것이 아니라 치장하는 것에 쓰이면서 일반 국민들의 분노가 끓어올랐고, 프랑스 혁명(1789년) 이후 가발이 사라지게 되었답니다.

◀ 루이 14세의 초상화. 프랑스의 왕 루이 13세는 일찍부터 머리가 벗겨지기 시작하여 1624년부터 가발을 쓰기 시작했대요. 가발은 아들인 루이 14세에 이르러 더욱 발전했다고 해요. 가발은 1790년대 프랑스 혁명의 영향을 받을 때까지 약 140년 동안 남성들 사이에서 인기가 높았지요.

▲ 1800년대 중반의 작품으로, 가체를 얹은 〈미인도〉(해남 윤씨 종가, 간송미술관 소장)

우리나라에서도 옛날부터 여성들이 머리숱을 많아 보이게 하거나 머리 모양을 꾸미려고 머리에 가체(머리에 덧대는 가발로 '다리'라고도 해요)를 얹기도 했어요. 조선 시대 여성들은 예의를 갖춰야 하는 자리에 가체를 얹었고, 한때는 결혼할 때 반드시 마련해야 할 물품으로 점점 사치스러워져 문제가 많았다고 해요. 그리고 무거운 가체를 하고 있다가 그 무게를 이기지 못해 목뼈가 부러지는 사고도 있었다고 하지요.

서양 마녀의 모자는 왜 뾰족할까요?

고대 이집트인들이 햇볕을 막으려고 가발을 썼듯이, 모자는 햇볕을 가리거나 보온, 안전, 멋, 신분 표시 등의 목적으로 머리에 쓰는 것을 가리켜요. 지금은 그렇지 않지만, 몇십 년 전까지만 해도 서양에서는 성인이라면 남녀 모두 반드시 모자를 착용(의복, 모자, 신발, 액세서리 따위를 입거나 쓰거나 신거나 차는 것을 가리켜요)하는 것이 일반적이었어요. 모자를 쓰지 않으면 마치 신발 없이 맨발로 돌아다니는 것과 같았지요.

우리나라에서도 옛날에는 모자의 일종인 갓을 쓰는 것으로 성인이 되었음을 알렸고, 하는 일이나 장소에 따라 갓의 생김새가 각각 달랐어요.

서양에서는 실내에서 모자를 벗는 것이 예의이지만 우리나라에서는 그렇지 않았어요. 터번처럼 집 안팎에서 모자를 벗으면 예의에 어긋난 것으로 여겼으며, 양반들은 집안에서 쓰는 모자가 따로 있었지요.

조선 시대 남성들이 갓을 쓴 가장 큰 이유는 머리를 길러 상투를 틀었기 때문이에요. 유교의 가르침에 따라 부모에게서 물려받은 몸을 소중히 여기는 것이 효도의 시작이라는 생각에서였지요. 집 안에서는 상투 튼 머리에 그물처럼 생긴 망건을 두르고, 외출할 때는 갓을 썼으며 신분에 따라 갓의 형태가 다양했어요.

◀ 원뿔형 모자를 쓰고 빗자루를 탄 마녀를 묘사한 목판화(1720년)

▶ 흑곰 가죽으로 만든 털모자를 쓰고 있는 영국 왕실의 근위병(왼쪽)과 이탈리아 근위병(오른쪽). 영국에서는 흑곰의 털모자 대신 인조 털모자를 사용해 흑곰을 보호해야 한다는 목소리도 있어요.

우리나라와 마찬가지로 다른 나라에서도 대체로 모자는 개인의 사회적 신분에 따른 위치나 자리를 나타냅니다. 군대, 경찰이 쓰는 모자가 그렇고, 건설 노동자의 안전모가 그렇지요. 대학교 졸업식 때 쓰는 학사모나 요리사의 모자가 있고, 유대인임을 나타내는 모자도 있네요.

서양의 동화나 영화 따위에 등장하는 마녀의 모자는 챙이 넓고 뾰족한 원뿔 모양이에요. 왜일까요? 여러 가지 추측이 있지만 그 가운데 하나를 소개하지요.

▼ 키파(kippah)를 쓴 두 유대인. 유대인 남성은 머리를 가리는 것이 전통이에요. 주로 기도하는 동안에 쓰지만, 평소에 유대인임을 나타내려고 쓰기도 해요.

▲ 전라북도 전주 유교원에서 열린 성인식에서 성인이 된 남성에게 갓을 씌워 주고 있어요.

예전에 유럽에서는 집에서 맥주(술)를 빚었고, 빚는 방법을 아는 사람은 여성들이었다고 해요. 이때 남은 맥주를 팔아야겠다는 생각에 주점(술집)을 열었지요. 술집 여주인은 손님인 남성보다 키가 작아 눈에 잘 띄게 하려고 뾰족한 모자를 썼다고 해요. 술 주문은 자기한테 하라는 신호로요.

그리고 술집을 표시하려고 문 앞에다가 맥주 빚을 때 휘젓는 빗자루 비슷한 막대기를 걸어 놓았다고 해요.

당시 교회에서는 술을 파는 술집을 좋지 않게 생각했고, 이러한 모습에 빗대어 마녀의 모습이 탄생하지 않았을까요?

"
하이힐이
남성 신발이었다고요?
"

하이힐(high heels, 뾰족구두)은 굽 높이가 5센티미터 이상인 여성용 구두로 알려져 있어요. 이 하이힐은 발 건강 등 여러 문제가 있지만 현대 여성들이 많이 신는 신발이에요.

하이힐은 고대 이집트에서 시작되었고, 높은 지위의 사람들이 낮은 계층의 사람들보다 더 커 보이게 하려고 신었다고 하지요. 고대 이집트에서 로마제국을 거쳐 유럽으로 하이힐이 퍼져 나갔다고 해요.

하이힐은 키가 더 커 보이게 할 뿐만 아니라 말을 탈 때 발걸이에 발을 고정하는 쓰임새도 있었어요. 그래서 하이힐은 주로 남성들이 신었지만, 시간이 흐르면서 여성들도 신게 되었지요.

하이힐은 중세 시대(대략 476~1492년) 유럽 거리에 아무렇게나 버려진 오물을 피하려고 고안한 신발이라고 잘못 알려져 있었어요. 사실 위에서 얘기한 것처럼 하이힐은 자신을 돋보이게 하려는 것에서 시작되었거든요.

오래전 유럽 사람들은 거리의 오물을 피해 신발을 보호하려고 덧신을 신었답니다. 오늘날 나막신과 같은 형태로 '패턴(patten)'이라고 하지요. 곧 오물을 피하려고 신발 위에 덧신인 패턴을 신었던 거예요. 패턴이라는 이름은 '발굽'을 뜻하는 옛 프랑스어에서 비롯되었다고 해요.

▲ 프랑스의 신부이자 선교사인 니콜라스 샌슨이 펴낸 《페르시아 여행기》(1695년 출간)에 실린 사파비 왕조(1502~1722년) 시대의 페르시아 남성의 옷차림

네덜란드의 화가 얀 반 에이크(1390년경~1441년경)가 그린 〈아르놀피니 초상화〉(1434년)의 왼쪽 아래(노란색 동그라미)에 벗어 놓은 패턴이 보여요.

또 튀르키예의 공중목욕탕(터키탕)에서 신었던 나막신 '날린(nalins)'에서 비롯되었다고도 하는 '초핀(chopine, 또는 쇼핀. 이탈리아어로 '나무토막'을 의미하는 단어에서 따왔다고 해요)'도 있어요. 1400년경부터 1700년경까지 스페인과 이탈리아 여성들이 앞다투어 초핀을 신으면서 마침내 여성용 하이힐이 유행하게 되었다고 해요.

현재까지 알려진 굽이 가장 높은 초핀은 굽 높이가 50센티미터예요. 굽이 높은 이 신발을 신으면 혼자서는 자유롭게 걸을 수가 없으니 양쪽에서 부축해야 했겠지요. 이처럼 초핀의 높이는 부나 사회적 지위를 드러내는 상징이기도 했어요.

정리하면, 여성용 하이힐은 남성들이 자신을 돋보이게 하려는 신발에서 시작되어 오물을 피하기 위한 덧신인 패턴과 초핀을 거쳐 현재의 모습으로 자리 잡은 것이라고 할 수 있지요.

◀ 벨기에에서 발굴된 나무 밑창에 가죽으로 만든 띠로 고정한 네덜란드의 패턴(1465년경)

▲ 스위스 로잔 신발 박물관에 전시된 1500년대 베네치아 초핀

◀ 초핀은 1400년경 스페인과 이탈리아에서 유행하기 시작하여 유럽의 여러 나라로 퍼져 인기를 끌었어요. 스페인에서는 치마 길이를 초핀이 드러나게 맞췄지만, 이탈리아(특히 베네치아)에서는 치마 속에 초핀이 감춰졌어요.(출처: 페르난도 베르텔리, 〈움직이는 치마를 입은 베네치아 여인〉, 1563년, 메트로폴리탄 미술관)

중국인들은 왜
작은 발을 좋아했을까요?

전족은 '왜 그랬을까' 하는 의문이 가시지 않는 중국의 관습(어떤 사회에서 오랫동안 지켜 내려와 그 사회를 구성하는 사람들이 널리 인정하는 질서나 풍습)이에요. 어린 여자아이의 발가락을 최대한 똘똘 뭉친 뒤 천으로 꽁꽁 동여매어 성장을 멈추게 하는 전족은 송나라(960~1127) 때부터 1949년까지 거의 1,000년 동안 이어져 온 중국 문화이지요.

1800년대까지 전체 중국 여성의 40~50퍼센트가 발을 묶었을 것으로 짐작하며, 한족(중국 전체 인구의 약 92퍼센트를 차지하는 중국 최대의 민족)의 상류층 여성들이 거의 했을 것으로 보고 있어요. 전족은 연꽃처럼 아름다운 발이라는 뜻에서 '연발'이라고도 했대요.

전족을 왜 했는지에 대한 여러 이야기 가운데 하나는 전족은 신분이 높은 여성이라는 점을 드러내기 위한 방식이었다고 해요. 여성이 전족을 하면 걸어 다니는 것이 힘들어서 지팡이를 짚고 종종걸음으로 다녀야 했기에 밖에서 활발하게 움직일 수 없었지요. 한마디로 일을 하지 않아도 되는 위치에 있음을 보여 주는 것이에요.

남성들이 전족을 한 여성을 아내로 맞이하는 것은 자신이 부자라는 것을 뽐낼 수 있는 기회였고, 이러다 보니 사회 전체적으로 유행이 되어 일반인까지도 전족을 했다지요.

중국 사람들은 오래전부터 전족을 섬세한 아름다움이라고 여겼다고 하니, 풍습과 문화는 나라마다 많은 차이가 있음을 엿볼 수 있어요.

◀ 전족을 한 중국 여인(1870년대)

▶ 전족을 한 여성이 신었던 신발

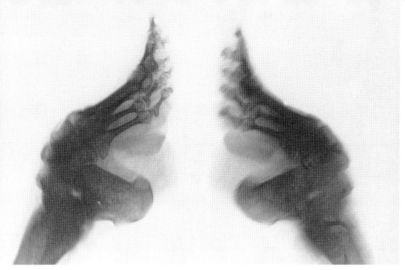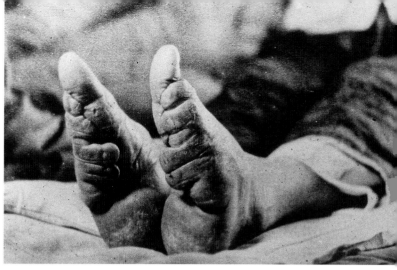

▲ 전족은 보통 4~5세부터 시작한다고 해요. 전족을 하기 전에 아이의 발이 자라지 못하게 발에 꼭 끼는 신발을 신겼다고 하지요. 왼쪽은 전족을 엑스레이(X-ray)로 찍은 사진이며, 오른쪽 사진은 작은 발가락 네 개를 엄지 발가락 아래로 밀어 넣은 뒤 천으로 둘러 가며 팽팽하게 묶어 모양을 잡은 전족이에요.

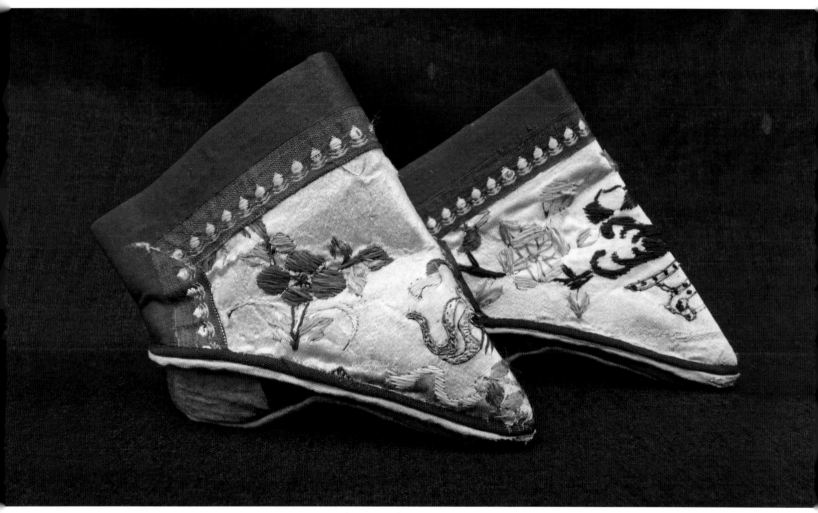

▲ 밝은 빨간색과 파란색 면, 그리고 크림색 비단으로 만든 삼각 모양의 밑창이 있는 전족 신발이에요. 연꽃 신이라고도 해요. 용과 꽃이 수놓아져 있고 뒤꿈치는 녹색 천으로 덮여 있어요.

◀ 중국인들은 발이 작은 여성이 걷는 모습을 우아하고 매력적이라고 여겼대요. 전족은 송나라, 원나라, 명나라를 거치면서 상류층 여성은 물론, 하류층의 장녀를 상류층 집안으로 시집 보내려고 발을 묶는 따위로 모든 계층으로 퍼져 나갔고, 전족을 하지 않으면 창피하고 수치스럽게 생각했어요. 만주족이 세운 청나라 시대에는 여러 차례 전족을 폐지하려고 했지만 모두 실패로 돌아가고 말았대요. 이후 중화인민공화국이 들어서면서 전족 금지 법령(1949년)이 시행되면서부터 전족이 사라지게 되었어요. 1100년 후반부터 1900년 중반까지 약 10억 명이 넘는 여성들이 전족을 했다고 합니다.

"
스타킹이
얼마 전까지만 해도
대스타였다고요?
"

양말은 '서양식 버선'이라는 뜻으로 맨발에 신는 옷의 일종이에요. 아주 옛날에는 손으로 동물의 가죽이나 털을 다듬어 양말을 만들었고, 1500년대 후반에 양말을 기계로 짜기 시작하면서 1800년대 이후 기계로 짠 양말이 널리 퍼졌어요.

양말은 멋으로도 신지만, 양말의 가장 큰 역할은 땀이 많이 나는 발에서 땀을 흡수하는 것이지요. 양말의 영어 표기(sock)는 '가벼운 슬리퍼'를 뜻하는 고대 영어에서 비롯되었다고 합니다.

양말 생산에서 아주 놀라운 일이 벌어지는데, 바로 1938년 나일론으로 양말을 만들기 시작한 것이에요. 나일론은 석유를 분리하여 얻는 합성섬유 중 가장 대표적인 섬유이지요. 나일론은 질길 뿐만 아니라 합성섬유라서 천연섬유보다 값이 싼 것이 큰 장점이었어요. 또 만들기에 따라 독특하게 반짝거리는 빛깔로도 짤수 있었지요.

▲ 스웨덴의 한 의류 공장에서 나일론 스타킹의 품질을 검사하고 있어요.(1954년)

나일론으로 만든 양말은 바람이 잘 통하지 않는 따위의 단점도 있지만 비단, 면, 양모로 양말을 만들 때와는 다른 새로운 유행을 일으켰어요. 바로 스타킹이었지요. 나일론 스타킹이 처음 선보였을 때는 가격이 꽤 비싼 편이라 부유한 여성들만 신었다고 해요. 제2차 세계대전으로 나일론이 군사용 낙하산 등에 쓰이면서 스타킹 생산이 크게 줄었고, 스타킹을 구하기가 어려운 여성들은 마치 스타킹을 신은 것처럼 맨다리에 색칠하거나 그림을 그렸을 정도라고 하네요.

전쟁이 끝난 후에도 스타킹 공급이 제대로 이루어지지 않아 미국에서는 '나일론 폭동(공급할 수 있는 물량이 1만 3천 켤레였는데 4만 명의 여성이 스타킹을 사려고 줄을 서서 싸움이 벌어진 일)'이 일어나기도 했대요.

원래 스타킹은 무릎 높이 또는 그 이상 위로 올라오는 긴 양말을 가리켰어요. 1900년대 이전까지만 해도 스타킹은 남녀 구별 없이 피부를 보호하고 체온을 유지하려는 목적으로 신었지, 지금처럼 여성들의 옷차림 소재를 가리키는 말은 아니었어요.

여성들이 스타킹을 챙겨 신게 된 것은 1920년대 중반 이후부터 치마 길이가 짧아지면서였지요. 치마 길이가 짧아지긴 했지만, 여전히 맨다리를 드러내면 안 된다는 사회 분위기가 강했다고 합니다.

이런 분위기 속에서 맨다리를 가리고 보온성과 활동성 그리고 멋도 낼 수 있었기에 스타킹은 아주 훌륭한 상품으로 인기가 높았고, 형태와 색상이 다양한 스타킹이 끊임없이 등장했지요. 그러나 2000년대 중반에 인기가 시들해졌는데 그 이유는 여성들이 맨다리를 드러내는 것은 예의에 벗어난 것이 아닌, 새로운 멋이라고 여겼기 때문이에요.

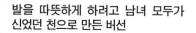

발을 따뜻하게 하려고 남녀 모두가 신었던 천으로 만든 버선

▲ 1946년 1월, 미국의 한 백화점 밖에서 나일론 스타킹을 사려고 여성들이 줄을 서 있어요.

> 왜 10월 18일이면
> 동상에도 넥타이를 매어 줄까요?

1618년부터 1648년까지 유럽에서 전쟁이 벌어졌는데, 이 전쟁을 '30년 전쟁'이라고 해요. 이때 크로아티아 군인들이 목을 보호하려고 크라바트(cravate)라는 띠를 둘렀어요. 크라바트는 전쟁터에서 살아 돌아오라는 의미로 군인들의 목에 둘러 주었다는 이야기와 함께 계급장을 나타냈다고 해요. 색이나 무늬 또는 장식으로 부대를 표시하거나 계급을 표시한 것이지요.

크로아티아의 띠가 유럽인들의 눈길을 사로잡았는데, 그중에서도 프랑스 사람들에게 인상적이었던 모양이에요. 프랑스 왕 루이 14세는 어릴 때부터 이 띠를 두르고 다니기 시작했고, 얼마 지나지 않아 프랑스 귀족들이 좋아하는 옷차림으로 발전했지요.

◀ 크로아티아의 수도 자그레브의 반 옐라치치 광장에 있는 크로아티아의 민족 영웅 반 요시프 옐라치치(Ban Josip Jelačić, 1801~1859년) 동상에 크라바트 데이를 맞아 넥타이를 매 주었어요.

▶ 자그레브의 한 상점에 전시된 빨간색과 흰색의 대형 체크 넥타이

이후 크라바트는 여러 형태로 개발되었고, 남성 정장을 완성하는 대표적인 꾸밈 소재가 된 것이 지금의 넥타이예요. 이탈리아에서는 지금도 넥타이를 크라바트라고 불러요.

양복을 입을 때 셔츠 깃 밑으로 둘러 매듭을 짓고 앞으로 늘어뜨리거나 나비 모양으로 매듭을 짓는 넥타이는 곧 크로아티아가 그 시작이었어요.

크로아티아에서는 세계적인 문화의 기여에 대한 큰 자부심으로 10월 18일을 크라바트 데이(넥타이의 날, Cravat day)로 정했다고 해요. 해마다 이날이 되면 동상이나 건물에 넥타이를 매어 주고 기념한답니다.

크로아티아뿐만 아니라 아일랜드의 더블린, 독일의 튀빙겐, 이탈리아의 코모, 일본의 도쿄, 호주(오스트레일리아)의 시드니 같은 도시에서도 넥타이의 날이 있답니다.

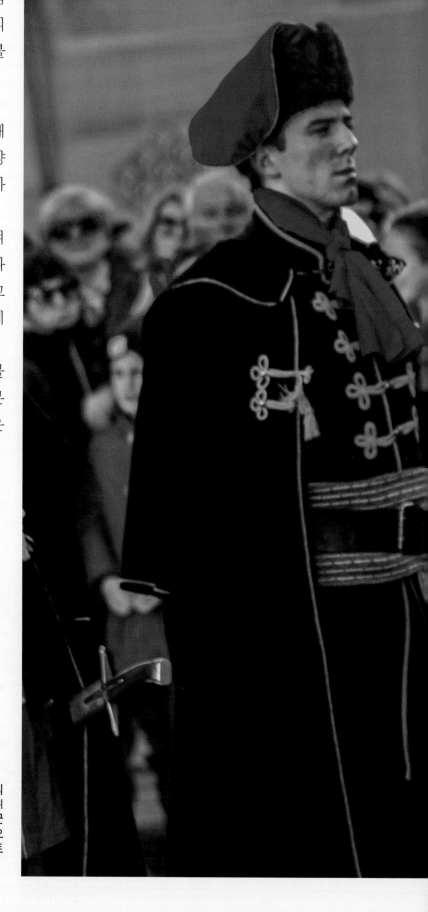

▶ 크라바트 연대(Cravat Regiment)는 크로아티아 의장대(경축 행사나 외국 사절에 대한 환영식을 치르기 위해 특별히 조직된 부대)로 '30년 전쟁'에 참여했던 군대의 군복과 똑같은 군복을 입고 있어요. 지휘관으로 보이는 사람과 일반 병사가 매고 있는 크라바트가 조금 다르지요?

1946년 프랑스에서 벌어진 일이에요. 의류 디자이너 루이 레아르(Louis Réard, 1896~1984년)는 어느 날, 여성들이 피부를 갈색으로 태우려고 햇볕이 내리쬐는 해변에서 수영복 가장자리를 걷어 올리는 모습을 보며 기발한 생각이 떠올랐어요.

얼마 지나지 않아 그는 놀라운 상품을 세상에 내놓았지요. 배꼽이 드러날 뿐만 아니라 거의 벗은 모습이라 할 수 있는 아주 작은 두 조각으로 된 수영복이었어요.

이 수영복을 처음 만든 레아르는 왜 '비키니(bikini)'라는 이름을 붙였는지에 대해서는 설명하지 않았대요. 사람들은 1946년 비키니 섬에서 벌어진 미국의 핵폭탄 실험처럼 '상업적, 문화적 성공'을 일으키기를 바란다거나 '열대 태평양의 이국적인 매력'과 연관된 것이 아닌가 짐작하고 있답니다.

당시 레아르의 비키니 광고는 '세상에서 가장 작은 수영복보다 작다'였어요. 이는 레아르보다 앞선 1946년 5월, 프랑스 디자이너 자크 하임(Jacques Heim, 1899~1967년)이 원자라는 뜻(작은 것을 강조하기 위해)의 아톰(Atome)이라는 윗옷과 아래옷이 따로 되어 있는 투피스 수영복을 내놓으면서 '세계에서 가장 작은 수영복'이라고 광고한 것을 이용한 광고라고 할 수 있지요. 비키니와 다르게 하임의 아톰 수영복은 배꼽을 덮는 수영복이었습니다.

로마 시대의 모자이크에는 윗옷과 아래옷이 나누어진 지금의 비키니 차림의 여성들이 운동 경기를 하는 그림이 남아 있지만, 사실 기독교 중심의 서양에서는 집밖에서 수영이나 목욕을 하는 것이 일반적이지 않았기에 1700년대까지도 수영복이 그리 필요하지 않았어요.

▲ 1951년 미인대회에 참가한 네덜란드 여배우 미미 콕(Mimi Kok)의 비키니 차림

▲ 1946년 7월 25일 비키니섬에서의 핵폭탄 실험 장면

1913년이 되어서야 최초의 투피스 수영복(반바지와 반소매)이 등장했다고 해요. 1930년대에 들어서면서 수영복을 만드는 섬유가 다양해졌고, 햇볕에 피부를 태울 때 입는 목적으로 이용되면서 형태도 달라졌다고 해요. 이와 함께 투피스 수영복을 입은 여배우들이 영화에 등장하기 시작해요. 아무튼 비키니 수영복이 처음 발표되고 나서도 한동안 공공장소에서 입기에는 너무 노출이 심해 따가운 시선을 받았지요.

미국 비치 발리볼 선수

▲ 286~305년경 비키니 차림으로 여성들이 운동 경기에 참여하는 모습을 담은 로마 시대의 모자이크

1949년 프랑스는 해안가에서 비키니 착용을 금지했고, 독일은 1970년대까지 공공 수영장에서 비키니를 금지했다고 해요. 그러나 유명한 여배우들이 비키니를 입은 모습을 꾸준하게 대중에게 보여 주면서 인기를 끌기 시작하여 지금에 이르게 되었어요.

비키니가 유행하자 비키니에 어울리는 몸매를 가꾸려는 여성들은 '다이어트'라는 세계로 빠져들었어요. 다이어트를 너무 심하게 해서 음식 먹기를 거부하는 병으로까지 이어지는 어이없는 일도 벌어졌지요.

현재 비키니는 스포츠 종목 중 비치 발리볼의 정식 차림이에요. 모래밭에서 펼치는 경기라서 넘어지면 수영복에 모래가 끼이는데 수시로 모래 털기가 편해서라고 하지요.

지금도 나무신을
신는다고요?

옛날에 가죽이나 천으로 만든 신발은 너무 비싸 보통 사람들은 엄두를 내지 못했고, 볏짚을 꼬아 만든 짚신이나 나무를 파서 만든 나막신(원래 '나무신'에서 바뀐 말이라고 해요)을 신었어요. 나막신은 우리나라뿐만 아니라 세계 여러 나라에서 오랫동안 신었던 신발이지요. 나무를 깎아 만들다 보니 각 나라의 나막신 형태는 조금씩 다르긴 해도 거의 비슷하다고 해요.

▲ 우리나라 나막신

우리나라 사람들은 굽이 2개이거나 굽이 없는 나막신을 신었으며, 특히 앞뒤로 굽이 2개인 높은 나막신은 비 오는 날 땅이 질척거릴 때 주로 신었답니다. 남산골(지금의 서울시 중구 필동)에 많이 살았던 가난한 선비들은 맑은 날에도 짚신이 아닌 나막신을 신고 다녔대요. 이때 나막신을 신고 마른 땅을 걸으면 딸깍거리는 소리가 나서 가난한 선비들을 '남산골 딸깍발이'라고 불렀지요.

또 프랑스, 네덜란드, 벨기에, 이탈리아 등에서 신었던 나막신 사보(sabot)도 있어요. 1500년대에서 1800년대에 서민들이 일할 때 신었던 신발이지요. 산업 혁명 기간(1700년대 후반, 기술이 발달하면서 영국에서 시작된 사회, 경제의 급격한 변화가 있던 시기예요. 주로 사람의 손으로 이루어지던 자그마한 작업장에서 기계를 갖춘 큰 공장으로 바뀌었어요)에 사보타주(sabotage, 노동자가 일터에서 일부러 작업을 게으르게 해서 사용자에게 손해를 끼치는 행위)라는 말이 등장해요. 이 말은 나막신 사보로 시끄러운 소리를 내는 것에서 비롯되었다고 하지요. 이후 더 느리게 작업하는 것, 작업을 방해하거나 원료나 기계 따위를 엉망으로 만드는 행위라는 뜻으로 쓰였어요.

◀ 프랑스의 나막신 사보

스웨덴 트레스코르

일본 게타

　나막신은 옛날보다 널리 신지는 않지만, 지금도 스웨덴의 트레스코르(träskor)나 일본의 게타(geta, 우리나라에서는 게다라고 해요)에 그모습이 남아 있어요. 트레스코르는 스웨덴어로 나막신을 가리키며,밑창은 나무로 만들고 발등은 가죽 따위로 고정했지요. 게타는 슬리퍼와 비슷한 일본 전통 신발로 굽이 보통 2개이지만 하나인 것과3개인 것도 있어요. 평평한 나무 바닥에 굽을 달았고, 천으로 만든'V' 자 모양의 끈 따위로 발을 고정하지요. 비가 오는 날이나 질퍽한 땅에서 다니려고 굽을 높였다고 해요.

　일본에서는 여름철에 가벼운 유카타(원래 목욕 가운이라는 뜻이에요)나 간편한 서양식 옷을 입을 때 게타를 신기도 해요. 편안한 옷차림에는 대개 양말을 신지 않지만, 격식(품위에 맞는 일정한 방식)을차릴 때에는 일본식 버선인 타비(tabi, 엄지발가락과 나머지 발가락 사이가 갈라진 형태)와 조리(zori)를 신어요.

기모노를 갖춰 입고 일본 버선인
타비에 조리를 신은 여성

조리는 밑창을 짚이나 천, 나무, 고무 따위의 다양한 재료로 만
든 끈이 달린 일본식 샌들(밑창과 끈으로 된 엄지와 검지 발가락 사이에
끈을 끼워서 신는 신발)이에요. 조리는 대체로 바닥이 평평하지만 여
성용 조리는 뒤꿈치 부분을 높게 만들기도 합니다.

사실 샌들은 아주 오래전 고대 이집트에서 시작하여 전 세계 여
러 나라로 퍼져 나갔어요. 그래서 샌들이 일본 고유의 문화라고 할
수는 없지만, 현재 여러 나라에서 여름용 샌들로 조리를 많이 신는
것은 제2차 세계대전에 참전했던 군인들이 일본에서 조리를 가져
오면서 인기를 끌었기 때문이에요.

"
일본 기모노에
베개가
달려 있다고요?
"

잘못된 정보로 다른 나라의 문화를 바라본다면 참 곤란하고 부끄러운 일이에요. 예를 들면 기모노를 입은 일본 여성들이 등에 베개를 달고 다닌다는 것이지요.

한번 살펴볼까요? 우리가 베개라고 오해하는 것은 기모노 허리 부분에 덧대어 옷을 여며 주고 장식하는 띠로, 오비라고 해요. 오비를 매는 방식에는 여러 가지가 있고, 모양을 잡으려고 오비 속에 물건을 넣은 것이 마치 베개처럼 보이는 것이랍니다. 또 그 모양이 베개처럼 보일 정도로 반듯하게 매듭을 지었다면 일본에서는 아주 정숙한 여인으로 여긴다고 해요.

만약 남성들에게 젊고 발랄하며 혼자임을 알리고 싶은 여성은 나비 날개와 같이 훨씬 복잡하고 다양한 모양으로 매듭을 짓는다고 하지요. 이처럼 기모노는 일본의 전통 의상이자 일본을 대표하는 의상이에요.

기모노를 입을 때에는 전통적으로 오비를 두르고, 조리와 일본 버선인 타비를 신어요. 전통을 중요하게 여기는 가문에서는 기모노에 가문의 문장을 새겨 넣었고, 사람들은 그 문양을 보고 어느 가문의 사람인지를 알 수 있었다고 해요. 허리춤에 부채를 꽂는 것도 기모노를 입을 때의 격식이라고 하지요. 부채 또한 어느 가문의 사람인지를 알리는 도구로 쓰였어요.

기모노는 소매가 정사각형이고, 몸체는 직사각형에 앞면을 여미는 옷으로, 여미는 방향이 매우 중요해요. 입는 사람의 왼쪽 옷깃이 오른쪽 옷깃을 감싸야 하지요. 옷을 입고 오른손을 옷깃 사이로 넣을 수 있는 방향이라고 할 수 있어요.

◀ 기모노는 '입을 것'이라는 뜻

기모노는 마름질(옷감을 치수에 맞도록 재거나 자르는 일)을 하지 않아요. 소매, 앞판, 뒤판 따위로 천을 조각조각 잘라서 잇지 않고 천을 그대로 펼쳐 키에 맞춰서 접은 뒤 바느질하면서 길이를 조절하지요. 그래서 기모노는 길이만 조절하면 다른 사람의 옷도 쉽게 고쳐 입을 수가 있대요.

기모노는 남녀 또는 어린이용 그리고 행사나 계절에 따라 다양한 종류가 있어요. 현재 기모노는 일상복으로 거의 입지 않지만, 격식을 갖춰야 하는 장례식, 결혼식, 졸업식 때 주로 입지요. 이와 달리 일본 씨름인 스모 선수나 일본 기생(게이샤)은 항상 기모노를 입어요.

옛날에는 신분에 따라 기모노의 옷감 색상이나 장식 따위가 달랐어요. 예를 들어 남색(푸른빛을 띤 자주색)은 누구나 사용했지만, 빨간색과 보라색은 신분이 높은 사람만 쓸 수 있었지요.

특히 여성의 기모노는 입고 벗는 것이 무척 까다로울 뿐만 아니라 치마폭이 좁아 종종걸음을 하게 되어요. 보폭이 넓으면 앞섶이 벌어지면서 맨다리나 속옷이 보이기 때문이지요. 이러한 까닭으로, 우리나라 한복은 치마폭이 넓어 무릎을 세우고 앉는 자세가 크게 예의에 벗어나지 않지만, 일본에서는 예의에 어긋나는 자세라고 하네요.

▶ 유카타를 입은 여성. 유카타는 원래 평상복이나 이름 그대로 목욕 가운으로 입었는데 지금은 여름에 입은 모습을 흔히 볼 수 있어요.

▲ 우리 한복과 마찬가지로 기모노는 특별한 행사가 있을 때 입어요.
여성의 나이, 결혼 여부, 행사의 격식에 맞춰 기모노를 입지요.

왜 목을 길게
보이고 싶어 할까요?

미얀마

의 여러 민족 중 카얀족(Kayan)이 있어요. 카얀족은 여인들이 목에 누런 황동(구리에 아연을 넣어 만든 금속이며 놋쇠라고도 해요) 고리를 둘러 목을 길게 하는 것으로 유명해요. 2~5세부터 아이에게 고리를 끼우기 시작하며, 아이가 자랄 때마다 더 긴 고리를 덧붙이지요. 고리는 새것이나 긴 것으로 갈아 끼울 때 말고는 절대 벗지 않아요.

고리의 길이는 점점 늘어나는데, 많게는 20바퀴까지 늘어난다고 해요. 이때 고리의 무게(약 5킬로그램) 때문에 목 아래 가로로 튀어나온 쇄골(어깨를 지탱하는 역할을 해요)이 아래로 밀리면서 갈비뼈를 누른대요. 이렇게 되면서 목이 길어지는 것이 아니라 몸의 변화로 목이 길게 보이는 것이래요.

학자들은 여성들이 목에 고리를 끼우는 이유를 어떻게 생각할까요? 남성과 여성의 차이점을 뚜렷하게 나타내어 남성들에게 더 매력적인 여성으로 보이기 위해서라든가, 이와는 반대로 다른 부족에게 덜 매력적으로 보이게 하여 여성들이 노예가 되는 것을 막으려는 것이라고도 해요.

또 카얀족이 신성하게 여기는 용과 비슷하게 보이려는 것이라든가, 호랑이에게 물리지 않게 보호하기 위해서라고 하지만, 선뜻 이해하기 힘든 주장으로 보여요.

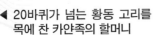

◀ 20바퀴가 넘는 황동 고리를
   목에 찬 카얀족의 할머니

▶ 고리를 낀 지 얼마 되지 않은
   어린아이들

49

지금은 여성들의 건강에 좋지 않은 목의 고리를 나라에서 막고 있으며, 여성들 스스로도 고리를 하지 않아요. 그래도 태국 국경 지역이나 외딴 마을에 사는 할머니와 어린 여자아이는 계속 고리를 하고 있답니다. 이는 관광객을 끌어들여 수입을 얻기 위해서라고 해요.

카얀족과 마찬가지로, 남아프리카공화국의 남부 은데벨레족(Southern Ndebele), 또는 아마은델레(AmaNdebele) 여성들도 전통적으로 다양한 장신구로 몸을 치장해요. 남편에게 충실함을 보여 주기 위해 결혼한 여성들이 팔과 다리 그리고 목에 구리나 황동으로 만든 고리를 3의 배수로 끼웠어요. 남편이 부유할수록 아내의 고리 수가 더 많아지지요. 이 고리들은 남편이 죽은 뒤에야 뺄 수 있대요.

◀ 전통 옷차림의 은데벨레 여성들은 결혼하면 팔과 다리, 목에 황동 고리를 끼우지요. 고리가 없는 가운데 여성은 결혼하지 않았거나 남편이 세상을 떠났나 봐요.

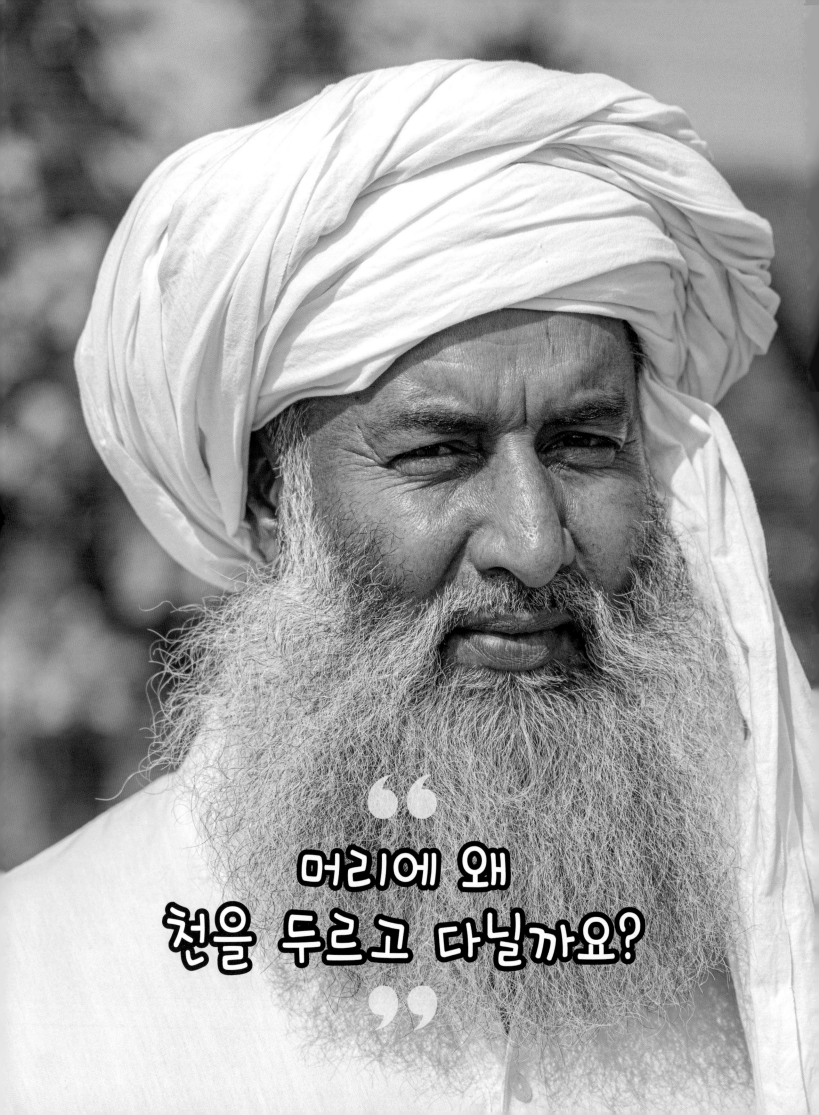

" 머리에 왜
천을 두르고 다닐까요? "

우리는 필요 없는 것을 굳이 쓰거나 입지는 않아요. 그런데 아주 오랜 세월에 걸쳐 그렇게 하고 있다면 분명 이유가 있을 거예요. 우리 눈에 이상하게 보일지라도 말이죠. 남녀 모두가 쓰기도 하지만, 주로 인도나 무슬림(이슬람교를 믿는 사람들) 남성들이 많이 쓰는 터번(turban)이 그렇습니다.

천을 머리에 둘러서 감는 터번을 쓰는 이유에는 여러 가지가 있어요. 강수량이 적은 건조한 사막기후에 살아가면서 사람들이 체온을 유지하고, 머리에 모래가 쌓이는 것을 막거나 머리 장식 또는 여벌 옷(터번을 원피스처럼 둘러 입었다고도 해요. 터번은 대체로 너비 약 25 센티미터, 길이는 5~10미터이지요)의 쓰임새가 있기 때문이지요.

터번은 또한 신분을 나타내기도 하는데, 그 예로 이란에서는 이슬람교의 창시자인 무함마드의 후손들은 검은색 터번을, 학자들은 흰색 터번을 둘렀어요.

마지막으로는 종교적인 이유가 있어요. 시크교도의 터번이 그렇습니다. 시크교의 가르침(사랑과 선행)을 다른 사람들에게 보여 주기 위해서예요.

시크교는 1400년대 후반 인도에서 시작된 종교예요. 창시자는 구루 나낙(Guru Nanak, 1469~1539년)입니다. 시크는 '탐구자', '학생'을 뜻하며, 곧 정신적인 스승인 구루의 제자를 가리키지요.

시크교도에게 터번은 신성한 옷차림이에요. 평소에는 터번을 쓰지 않을뿐더러, 술을 마시고 담배를 피우는 시크교도라고 해도 공식적인 행사 따위에서 터번을 착용했을 땐 술을 마시거나 담배를 피우지 않는다고 해요.

시크교도의 터번은 남녀 모두의 평등을 상징하기도 하며, 시크교도는 종교적인 의식으로 머리카락을 자르지 않기에 터번은 머리카락을 보호하고 청결을 유지하는 역할을 합니다.

◀ 시크교도에게 터번은 신성한 옷차림이에요.

터번을 쓴 인도의 시크교도 남녀

시크교도는 인도와 캐나다에서 인구의 약 1.7퍼센트와 1.5퍼센트를 차지하며, 터번은 시크교도임을 나타내는 수단이 되기도 하지요.

시크교도의 터번 색에는 저마다 뜻이 있어요. 흰색은 모범적인 삶을 살고 있는 성인이라는 것을, 파란색은 하늘처럼 넓은 마음을, 검은색은 겸손을, 노란색은 혁명을, 짙고 산뜻한 남색(로열블루)은 학식이 있고 전통과 문화에 대한 애국심을, 초록색은 농부를, 주홍색은 용기와 지혜를, 금색은 평온과 치유의 감각을 나타내지요. 그리고 결혼식에는 분홍색을 주로 착용해요.

여기서 잠깐! 꽃 '튤립'의 이름은 터번을 뜻하는 페르시아어에서 비롯되었어요. 꽃 모양이 주름을 잡아서 감아올린 터번을 닮았다고 해서 붙인 이름이지요.

이슬람 문화권에서도 터번을 씁니다. 이란을 중심으로 한 시아파가 쓰며, 수니파는 터번 대신에 구트라를 쓰지요. 수니파에서 시아파를 비아냥거릴 때 '터번쟁이'라고 한대요.

이슬람 종파는 크게 수니파(사우디아라비아, 이집트, 튀르키예, 인도네시아, 파키스탄 등)와 시아파(이란, 이라크, 시리아, 레바논, 바레인 등)로 나뉘어요. 수니파는 전 세계 무슬림의 약 83퍼센트를 차지하며 우리나라에 있는 이슬람 사원은 모두 수니파라고 해요. 반면, 시아파 사원은 없고 단지 개인이 조그맣게 예배실을 마련해 운영하는 수준이라고 하지요.

참고로 수니파는 무함마드의 후계자를 무슬림 공동체가 합의하여 선출하지만, 시아파는 무함마드의 후계자를 무함마드의 사촌이자 사위인 알리의 후손에서 선출해요. 정리하면, 수니파는 무함마드와 가장 가까운 동료 중에서, 시아파는 무함마드의 혈통 중에서 후계자를 선출하지요.

" 왜 보자기를
머리에 쓸까요? **"**

건조한 사막 지역에서 살아가는 사람들은 뜨거운 태양과 모래바람을 마주하는 것이 일상이었어요. 그곳 사람들은 이러한 상황을 이겨낼 방법을 찾았지요. 그 방법 가운데 하나가 앞에서 살펴본 터번이었고, 또 하나는 사각형의 천을 머리에 덮고 묶는 것이었어요.

사각형 천을 구트라(ghutrah) 또는 케피예(keffiyeh)라고 하며, 이 천을 머리에 덮고 아갈(agal, 염소 털을 꼬아 만든 띠)이라는 머리띠로 고정하는 형태는 1700년대 초에 등장했어요. 구트라는 색깔이 여러 가지에다가 나라마다 쓰는 방법이 약간씩 달라 모양이 다양해요.

아시아 대륙 남서부의 아라비아반도를 이루는 국가들(사우디아라비아, 아랍에미리트, 예멘, 오만 등)에서는 주로 무늬가 없는 흰 구트라나 흰색 바탕에 붉은색 무늬가 있는 구트라를 많이 하고, 팔레스타인에서는 검은색과 흰색으로 이루어진 바둑판 모양의 체크무늬 구트라를 주로 하지요.

구트라는 여러 상징성을 띠고 있어요. 예를 들어 1960년대에 팔레스타인에서는 팔레스타인 민족주의를 상징하는 체크무늬 구트라를 중요하게 여기기 시작했다고 하며, 피엘오(PLO, 팔레스타인의 분리독립을 위해 창립한 무장단체)를 이끌던 야세르 아라파트(Yasser Arafat, 1994~2004년)도 착용했지요.

또 이란계 산악 민족인 쿠르드족도 구트라를 착용해요. 이란, 이라크, 시리아에 흩어져 살고 있지만 주로 튀르키예에 살고 있는 쿠르드족에게 구트라는 독립과 저항의 상징이에요. 그래서 튀르키예 정부에서는 이것을 민감하게 여기고 있답니다.

◀ 사각형 구트라를 머리에 덮고 머리띠인 아갈로 고정했어요.

▲ 1996년부터 2004년 팔레스타인 자치정부의 제1대 지도자 야세르 아라파트(1929~2004년)가 쓴 그물 모양의 검은색 점박이 구트라는 그의 상징이기도 했어요.

▲ 햇볕과 모래바람에서 머리와 얼굴을 보호하는 구트라는 주로
빨간색과 흰색 격자무늬가 있거나 무늬가 없는 흰색 천이 쓰여요.
아갈로 고정하지 않는 터번 형태의 구트라도 있지요.

왜 튀르키예 사람들은
터키 모자를 싫어할까요?

터키

모자, 곧 지금의 튀르키예('튀르크인의 땅'이라는 뜻이에요. 2022년부터 영문 표기인 '터키'에서 고쳐 부르게 되었어요) 전통 모자를 살펴볼까요?

모자챙이 없고 모자 위쪽에 검은색 술로 장식한 빨간색 원통 모양의 페스(fez)예요. 페스라는 이름은 모자에 쓰이는 빨간색 염료가 모로코의 도시 페스에서 왔다고 해서 붙인 이름이라는데, 이름 유래에 대해서는 정확하지 않아요.

이슬람교를 믿는 튀르키예 사람도 터번을 썼는데, 주변 이슬람 국가들과 환경이 달라 곧 쓰임이 줄어들고 대신 페스를 주로 썼다고 하지요. 이슬람 의식에 따라 기도할 때 이마를 땅에 대는데 우리나라의 갓처럼 챙이 있다면 여간 불편한 게 아니겠지요? 챙이 없는 페스는 기도할 때 불편함이 없었던 거예요.

튀르키예에서 페스는 이런 이유보다 더 깊은 역사적 뜻이 있어요. 페스는 오스만 제국의 상징이거든요. 오스만 제국은 서아시아, 북아프리카, 남동 유럽에 걸쳐 거대한 영역을 지배했으며, 모든 이슬람 국가 역사상 가장 강력한 군사력과 국력을 가진 나라였어요.

오스만 제국의 마흐무드 2세는 1826년 군사 개혁에서 군인들에게 터번을 벗고 서양식 복장에 페스를 쓰도록 했고, 1829년에는 모든 공무원과 성직자에게 페스를 쓰라는 규정을 발표했어요.

▲ 1910~1913년 페스를 쓴 터키군

▲ 1700년경 영국 북부에서 비롯된 모자 플랫 캡은 앞부분의 챙이 짧고 딱딱한 것이 특징이에요.

그후 1920년 제1차 세계대전에서 패배한 오스만 제국은 프랑스를 비롯한 연합국과 맺은 조약에 따라 연합국의 통치를 받게 되었지만, 독립을 선포하고 전쟁을 시작하여 프랑스를 비롯한 연합국을 오스만 제국 영토에서 몰아냈어요.

1923년, 마침내 600년 넘게 이어져 온 오스만 제국을 끝내고 튀르키예공화국이 선포되었지요. 이때 정치, 경제, 사회, 교육과 법률 영역에 영향을 미치는 광범위한 개혁을 펼치면서 페스 착용을 금지했지요. 이후 튀르키예 남성들은 페스를 대신하여 앞부분의 챙이 짧고 딱딱한 서양식 모자인 플랫 캡(flat cap)을 쓰게 되었어요.

요즘 젊은 튀르키예 남성들은 모자를 잘 쓰지 않는대요. 사실 페스는 모로코나 튀니지에서 오래전부터 써 왔던 모자였기에 튀르키예 모자라고 할 수도 없다고 해요. 오늘날 튀르키예에서는 일부 이슬람교도가 페스를 쓰기도 하지만 일상적으로는 쓰지 않아요.

페스는 여러 나라 군대의 군인들이 착용했어요. 화려하고 멋있어 보이지만 단점이 많았다고 합니다. 모자가 적의 사격 목표가 되기 쉬웠으며 챙이 없어 햇빛을 가리지 못했기 때문이지요. 그래도 페스는 여전히 여러 나라의 이슬람교도들이 착용하고 있어요.

▲ 모로코에서 카사블랑카 다음으로 큰 제2의 도시 페스는 천연가죽 염색공장으로 유명해요. 이곳은 화학용품으로 처리를 하지 않고 새똥 따위의 온갖 천연 재료로 염색을 하기 때문에 냄새가 지독해요. 그래도 이름난 관광지로 손꼽히지요.

"
입술에 왜
판을 끼울까요?
"

앞에서 살펴본 카얀족이 목에 두르는 고리도 신기하지만, 보는 사람도 불편하고 하는 사람도 불편해 보이는 것이 또 하나 있어요. 바로 입술을 뚫고 판을 끼워 넣는 것이지요. 처음에는 작은 판을 넣다가 점점 큰 판으로 갈아 끼우면서 늘어난 입술에 나중에는 엄청나게 큰 판을 넣어요. 그 이유가 참 궁금하지요?

몸 한 곳을 뚫거나 잘라서 구멍을 내는 것 또는 그 구멍에 장신구를 착용하는 것을 피어싱(piercing)이라고 해요. 아주 오랜 옛날 5,000년 전부터 사람들이 귀걸이나 코걸이를 했다는 것은 미라 유적에서 이미 밝혀진 사실이에요.

피어싱을 하는 이유에는 여러 가지가 있어요. 종교적인 이유, 자기 표현, 아름답게 보이고자 하는 바람, 집단 문화에 따르거나 그와 반대로 저항하기 위해서라지요.

우리나라에서 출토된 고구려, 신라, 백제의 삼국시대 유물에서 알 수 있듯이, 오래전부터 귀걸이는 고귀함과 부를 나타냈어요. 또 유럽 여성들 사이에 귀걸이가 유행했다가 옷과 머리 모양에 따라 귀를 가려 시들해지기도 했지만, 유행은 계속되고 있어요.

귀걸이는 유럽에서 남성들에게도 인기가 있었는데, 특히 옛 유럽에서는 한쪽 귀를 뚫으면 시력이 좋아져 멀리까지 볼 수 있다는 믿음이 있어 선원들과 탐험가들 사이에서 유행했다고 해요. 다른 이유로는 선원들이 만약 바다에서 죽게 되면 자신의 시신을 거둔 사람들이 자신의 귀걸이로 장례 비용을 쓰고 자신을 묻어 줄 것이라는 믿음에서 귀걸이를 했다고 하지요.

그런데 아프리카나 아메리카 대륙의 일부 부족 중에는 작은 구멍을 뚫어 귀걸이를 하거나 배꼽이나 얼굴에 장신구를 다는 것이 아니라, 윗입술이나 아랫입술 또는 양쪽에 구멍을 뚫고 판을 끼워서 늘인답니다. 어떤 부족은 입술에 판을 끼워 넣으려고 멀쩡한 앞니를 뽑아내기도 하지요.

◀ 입술 판을 끼운 에티오피아의 무르시족 여성

▶ 판을 뺀 뒤 입술이 늘어진 에티오피아의 무르시족 여성

▲ 귀를 뚫고 귓불을 늘인 아프리카의 마사이족 여인

왜 입술을 뚫고 늘여서 판을 끼울까요? 몇 가지 주장이 있는데 판의 크기로 사회적 또는 경제적으로 중요한 위치임을 나타낸다는 것과 입술 판의 크기가 신부를 데려올 때 치르는 소의 수를 나타낸다고 해요. 물론 이 주장을 부정하는 사람도 있어요. 또 에티오피아의 무르시족 여성 대부분이 입술 판을 끼우는 것은 여성의 힘과 자존감의 표현이라는 주장도 있답니다.

입술 판은 여성만 하는 것이 아니에요. 브라질의 카야포(Kaya-po) 부족은 남성이 해요. 카야포족이란 이름은 이웃 부족이 그들에게 '원숭이처럼 보이는 사람들'이라고 부른 것에서 비롯되었다는데, 이는 원숭이 가면을 쓰는 카야포 부족의 의식 때문이라고 하지요.

입술 판을 한 남성 중에 가장 유명한 사람은 라오니 메투크티레(Raoni Metuktire, 1932년생)예요. 브라질 원주민 지도자이자 환경 운동가이지요. 카야포족의 족장으로 아마존 열대우림과 토착 문화를 보존하기 위해 힘쓰는 세계적인 인물이에요.

▲ 브라질 원주민 카야포 부족의 라오니 족장

"
볼리비아 여인들은 왜
머리보다 작은
서양 모자를 쓸까요?
"

남아메리카의 볼리비아나 페루 등의 나라를 소개하는 사진 자료를 보면, 화려

하고 풍성한 치마에, 누가 봐도 자신들의 머리보다 작아 보이는 남성용 모자를 머리에 쓴 여성들의 모습이 눈에 들어와요. 참 궁금합니다.

화려하고 풍성한 치마는 폴레라(pollera)라고 하며, '닭을 기르거나 파는 여성' 또는 '닭장'을 뜻하는 스페인어예요. 1500~1600년대에 스페인이 점령한 지역에서 스페인 농장 주인이 강제로 입게 했다고 하지요. 현재 볼리비아 여성들이 입는 치마는 스페인 점령 이전의 형태와 스페인 사람이 강요한 폴레라가 결합한 형태예요.

여성들이 입은 치마가 무척 풍성하게 보이는 까닭은 겉치마 속에 속치마 4~5벌을 겹쳐 입었기 때문이지요. 여성들은 십대 때부터 여러 겹의 치마를 입기 시작한다고 해요. 치마를 많이 겹쳐 입을수록 여성의 집안이 부자임을 보여 주고, 이로써 신부의 가치가 올라가기 때문이라고 하네요.

또 다른 이유에는 여성의 엉덩이를 크게 보이게 하려는 뜻도 있어요. 엉덩이가 크면 아이를 많이 낳는다고 여겨 좋은 신붓감으로 인정받았기 때문이지요. 지금은 아이 낳는 것을 많이 주저해서 사회 문제가 되고 있지만, 옛날부터 세계 여러 나라는 우리나라와 마찬가지로 아이를 많이 낳는 것(다산)을 축복이라고 여겼고, 가족이나 나라의 큰 바람이었어요. 그래서 알을 많이 낳는 물고기나 열매를 많이 맺는 포도 따위를 그림으로 그리거나 생활용품에 새겨 넣기도 했지요.

볼리비아 여성들은 1849년 영국에서 만든 볼러 모자(bowler hat)를 쓰는데, 모자 이름은 이 모자를 만든 사람의 이름을 따서 붙였다고 해요. 우리나라에서는 모자 가운데가 산처럼 둥글게 솟아 있어 중산모(중절모는 위쪽이 폭 들어가 있는 모자예요)라고 해요.

이 모자는 머리를 보호할 정도로 튼튼하고, 챙이 짧아서 밖에서 일할 때 바람이 불어도 잘 벗겨지지 않아 노동자들에게 인기가 있었고, 이후 모든 계층이 즐겨 썼다고 하지요.

볼러 모자는 미국으로 건너가 서부의 카우보이나 철도 노동자들에게도 인기가 높았는데 그 이유는 앞서 말한 것처럼 바람에 쉽게 날리지 않았기 때문이라고 해요. 카우보이들이 말을 탈 때 썼던 챙이 넓은 모자는 쉽게 날아가서 불편했기 때문이지요.

1920년대 이 모자가 볼리비아로 넘어와 볼리비아 여인들이 썼고, 이웃 나라인 페루 등 다른 나라들로 퍼졌다고 합니다. 그런데 영국의 노동자들이 즐겨 썼던 모자가 어떻게 여인들의 머리 위에 자리 잡았을까요?

치마를 겹겹이 입어 엉덩이를 크게 보이려는 욕구와 짝을 맞춘 상술(장사하는 재주나 꾀)의 결과라고 하네요. 볼리비아에 철도를 놓으려고 영국 철도 노동자들이 오면서 처음 이 모자가 소개되었고, 이후 영국의 모자 생산자가 볼리비아에서 팔려고 했을 때 볼리비아 남성들은 시큰둥했다고 해요. 그래서 잔꾀를 부려 "영국에서 귀부인도 즐겨 쓰며 특히 이 모자를 쓰면 아이를 많이 낳는다"라는 식으로 선전하여 그 효과로 여인들이 즐겨 쓰게 되었다고 하지요.

정리하면, 아이를 많이 낳을 수 있는 여성이라는 것을 치마와 모자로 표현한 것이고, 다른 한편으로는 여성들의 자존감을 드러내는 방법이었을 거예요.

결혼한 여성은 모자를 똑바로 쓰고, 혼자인 여성은 비스듬히 쓴다고 해요.

▶ 볼러 모자를 쓰고 화려한 치마와 줄무늬 가방을 어깨에 멘 볼리비아 여성들이 행사에 참여하고 있어요.

스코틀랜드 남성들은 왜 치마를 입을까요?

영국은 스코틀랜드, 잉글랜드, 웨일스, 북아일랜드 네 나라로 이루어진 연합국가예요. 이 가운데 스코틀랜드는 치마 복장을 자랑스럽게 생각하지요. 바로 킬트(kilt)라는 전통 의상이에요.

킬트는 남성용 치마로 타탄(tartan. 털실로 짠 모직물을 가리키며, 폭이 일정한 가로세로 줄무늬로 이루어진 바둑판무늬가 특징이에요)으로 만들어요. 공식 행사에서 주로 입으며, 아일랜드의 전통 의상이기도 하지요. 치마에는 지역을 상징하는 색을 나타내기도 하는데 예를 들어 스코틀랜드는 파란색이, 아일랜드는 초록색이 중심 색이에요.

여러분은 킬트 입고 백파이프(bagpipes)를 연주하는 사람들을 여러 자료에서 보았을 거예요. 백파이프란 동물의 가죽이나 위장으로 만든 자루에 하나 또는 여러 개의 리드(reed)가 딸린 관을 연결한 악기예요. 연주자가 입으로 공기를 불어 넣으면 그 공기가 리드가 딸린 관을 지나면서 소리를 내지요. 리드는 갈대·금속·나무 따위로 만든 작고 얇은 조각을 일컬어요. 백파이프는 보통 스코틀랜드의 전통악기로 알려졌지만 사실 유럽에서부터 북아프리카, 서아시아까지 널리 퍼져 있는 악기예요.

스코틀랜드를 상징하는 킬트는 영국 왕실 남성들이 스코틀랜드를 방문할 때 종종 입는다고 하지요. 킬트가 스코틀랜드의 주체성(어떤 일을 실천할 때 나타나는 자유롭고 자주적인 성질)을 상징하게 된 것은 1745년 연합국가인 영국에서 스코틀랜드가 독립하려는 움직임을 보이자 당시 의회에서 '잉글랜드인과 스코틀랜드인을 다르다고 생각하게 하는' 킬트를 입지 못하게 했기 때문이라고 합니다. 이전까지 시골에서나 입었던 킬트를 이 조치에 따라 못입게 하자 스코틀랜드 사람들이 킬트를 지키자며 똘똘 뭉쳐 민족의상이 되었다고 하지요.

킬트를 입고 스코틀랜드의 스톤헤이븐 던노타 성을 배경으로 백파이프를 연주하는 사람

    스코틀랜드 전통을 지켜 온 가문에서는 옛날부터 그 가문만의 독특한 무늬의 킬트가 있었다고 주장해요.

    재미있는 이야기 하나를 덧붙이자면, '진정한 스코틀랜드인'이라고 생각하는 사람들은 전통에 따라 킬트를 입을 때 속옷을 입지 않는다고 하네요. 지금은 개인의 선택에 따라 속옷을 입을 수도 있고 입지 않을 수도 있어요. 우리나라에서 한복을 빌려주는 곳처럼 스코틀랜드에서도 킬트를 빌려주는 곳에서는 위생상 속옷 입는 것을 권한다고 해요.

▲ 이탈리아 화가 폼페이 바토니가 1765~1766년에 그린 영국의 윌리엄 고든(William Gordon, 1736~1816년) 장군이에요. 군복으로 킬트를 입고 있어요.

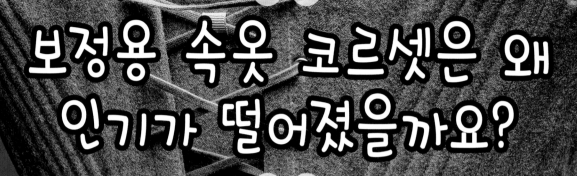

"
보정용 속옷 코르셋은 왜
인기가 떨어졌을까요?
"

브래지어

브래지어(brassiere)는 여성용 속옷으로, 여성의 가슴을 받쳐 주고 감싸는 역할을 해요. 최초의 현대적인 브래지어는 미국의 메리 펠프스 제이콥(Mary Phelps Jacob, 1892~1970년)이 1913년에 만들었으며, 1914년 현대적인 브래지어에 대한 최초 특허를 따냈어요. 브래지어는 몹시 불편한 코르셋(corset)을 벗어던지고 여성들이 선택한 물건이에요.

코르셋은 고래 뼈나 철 따위로 몸통을 단단하게 세우는 갑옷 같은 지지대 속옷으로, 1600년대부터 1900년대 초까지 유럽 여성들에게 꼭 필요한 속옷이었어요. 코르셋은 고대 프랑스어에서 따온 말로 '작은 몸'을 뜻해요.

코르셋은 처음에는 남녀 모두가 사용했지만, 가느다란 허리와 가슴을 위로 밀어 올려 여성스러움을 강조하기 위해 여성들이 더 오랫동안 입었어요.

단단한 뼈대로 만든 코르셋을 몸에 두르고 억지로 조였기에 건강에는 좋지 않았지요. 이 때문에 여성들이 편한 옷차림과 운동으로 다듬은 몸매를 좋아하게 되면서 보정용 속옷인 코르셋은 인기가 시들해졌다고 해요.

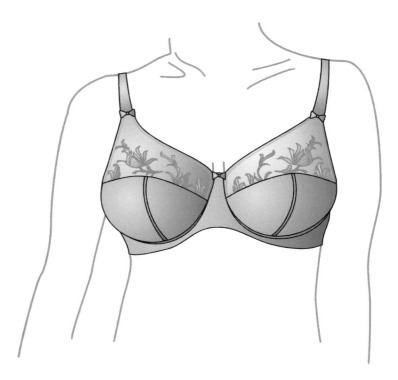

◀ 허리를 조여 가슴과 엉덩이를 돋보이게 하는 데 쓰였던 코르셋

▶ 여성의 가슴을 감싸고 받쳐 주는 브래지어

초기 브래지어 형태로 가슴을 지지하는 가슴 띠를 착용한 것은 그리스·로마 시대로 거슬러 올라갈 수 있어요. 앞에서 286~305년 로마 시대에 비키니 차림으로 운동하는 모자이크를 소개했어요. 모자이크에서 여성들의 가슴을 감싼 '가슴띠'는 양모나 면으로 만들었고 등뒤에서 묶거나 핀으로 고정하는 형태였지요.

또 우리나라의 조선 시대에는 여성용 한복에 브래지어 기능을 하는 '가슴가리개'가 있었어요. 제이콥이 발명한 현대적인 최초의 브래지어는 손수건 두 장과 리본으로 만들었다고 하지요.

여성들은 브래지어가 여성의 가슴을 보호하고, 보기에도 아름다운 몸매를 만들어 준다고 믿었어요. 또 가슴이 처지거나, 활동할 때 흔들리는 것을 막아 주고 옷맵시를 돋보이게 한다고 여겼지요.

그런데 브래지어를 만드는 회사에서는 브래지어로 가슴 처짐을 예방하거나 늦추는 것은 아니라고 해요. 가슴이 처지는 것은 나이듦에 따라 자연스레 나타나는 신체 변화이지, 브래지어를 하는 것으로 막을 수 없다고 합니다.

지금도 모양과 기능이 다양한 브래지어가 선보이고 있는데, 어떤 브래지어를 할 것인지는 순전히 여성의 선택이겠지요.

▶ 스포츠 브라를 착용하고 운동하는 여성

"아랍 남성들은 왜
헐렁한 옷을 입을까요?"

사우디아라비아

사우디아라비아나 쿠웨이트 등에서 남성들은 일상적으로 긴 소매에 길이가 발목까지 내려오는 긴 치마나 헐렁한 가운 같은 옷을 입어요. 이 옷을 토브(thawb, thobe, tobe) 또는 칸두라(kandurah)라고 하지요.

토브는 아랍(서아시아의 아라비아반도와 그 주변 그리고 북아프리카에 자리 잡은 아랍어를 공용어로 사용하는 국가, 민족, 문화 따위를 일컫는 말)의 전통 의상으로, 기후의 차이 등에 따라 나라마다 특징이 있어요.

남성들이 입는 토브는 나라와 지역마다 조금 차이가 있지만 대체로 위아래가 하나로 된 길고 헐렁한 형태이지요. 이 옷을 제대로 갖춰 입으려면 머리에 구트라와 아갈(머리띠)을 함께 해야 해요. 요즘은 토브만 입고 다니거나 양복 차림에 구트라와 아갈만 하는 사람들도 많다고 하지요.

토브는 아랍어로 옷을 뜻하며, 아라비아반도에서는 남성들이 흔히 입는 옷을 가리켜요. 보통 목화에서 솜을 뽑아낸 면섬유로 옷을 만들지만, 기후에 따라 양털로 짠 섬유(모직물)로 만들기도 해요. 수단에서는 토브가 여성의 겉옷을 가리킨다고 해요.

이처럼 이 옷을 부르는 이름이나 형태는 지역에 따라 달라요. 예를 들면 사우디아라비아, 예멘 등에서는 토브라고 하고 이라크와 쿠웨이트 등에서는 '디슈다샤(dishdashah)', 아랍에미리트와 리비아 등지에서는 '칸두라'라고 합니다. 인도와 주변 국가의 무슬림 남성들도 입는데 '주바(jubbah)'라고 해요.

◀ 토브를 입은 남성들

디슈다샤를 입은 이라크 남성들

이집트와 수단에서도 비슷한 모양의 전통 의상을 '젤라비야(jellabiya)'라고 하지요. 토브와 달리 목 부분이 조금 더 넓게 파였고 깃이 없으며, 단추가 없기도 하고 소매가 더 길고 넓어요.

옷 색깔은 흰색이 많아요. 그렇다고 꼭 흰색이어야만 하는 것은 아니에요. 기후 등의 환경에 따라 옷감 소재가 달라지면 색깔도 달라지니까요.

각 나라의 옷이 지역의 기후환경과 문화의 영향으로 고유한 형태가 있듯이 토브는 국가적, 문화적 정체성의 상징이라고 할 수 있어요. 곧 공식적인 행사와 종교의식에 따라 갖춰 입는 차림새이지요.

◀ 젤라비야를 입은 수단의 소년

"
왜 여성들의 머리를
가리게 할까요?
"

이슬람교

이슬람교를 믿는 여성들의 얼굴 일부와 머리를 둘러싸는 천을 히잡(hijab. 분리와 장막을 뜻해요)이라고 해요. 이슬람 국가에선 여성의 아름다움은 머리카락으로 상징된다고 믿었기에 공공장소에서 남성들에게 머리카락을 보이는 것을 금지하지요. 남성의 마음을 흔들지 말라는 뜻에서 얼굴 일부와 머리를 가리도록 한 것이에요.

사실 천이나 옷으로 여성의 머리를 덮는 것은 이슬람교를 믿는 나라뿐만이 아니에요. 가톨릭의 '미사보'도 그렇고, 우리나라 조선 시대에는 장옷이나 쓰개치마로 머리를 덮었지요.

여성들의 얼굴이나 신체를 쉽게 내보이지 않으려는 것은 아주 오래된 관습이며 지금도 남아 있어요. 예를 들어 결혼식 때 신부가 쓰는 면사포도 이런 문화의 흔적이라고 할 수 있지요. 또 아직도 여러 나라에서는 아내 될 여성이 남편 될 남성에게 결혼식 전까지 얼굴을 보여 주지 않는 관습이 남아 있답니다.

히잡의 형태는 이슬람교를 믿는 나라마다 차이가 있어요. 가령 앞머리를 드러내는 식으로 쓰기도 하고, 머리카락을 완전히 가리기도 해요.

히잡은 사막 지역에서 뜨거운 햇볕을 가리기 위해서 시작되었다거나, 원래 전통 의상이라는 주장도 있어요.

히잡을 쓰는 이유 가운데 가장 많이 오르내리는 이야기는 종교 시설에서 남성들의 시선이 예배 이외에 다른 쪽으로 쏠리지 못하게 여성의 머리카락을 가리는 것이래요.

◀ 히잡을 쓴 뒤 눈만 내놓는 형태의 얼굴 가리개인 니캅

머리를 감싸는 히잡 외에도 몸 전체를 감싸는 차도르(chador), 부르카(burqa) 그리고 얼굴을 가리는 니캅(niqab)이 있어요.

얼굴만 드러내고 온몸을 덮는 차도르는 이라크, 이란, 아프가니스탄, 파키스탄 등에서 주로 착용하지요. 예전에 차도르는 검은색이었지만 지금은 그렇지 않다고 해요.

머리부터 발끝까지 전체를 덮는 (눈만 드러내기도 해요) 부르카는 나라와 지역마다 조금씩 차이가 있어요. 인도와 파키스탄, 아프가니스탄 등에서 착용하지요.

니캅은 얼굴을 가리는 천으로, 히잡을 쓴 뒤 눈만 내놓는 형태의 얼굴 가리개로, 파키스탄과 사우디아라비아, 모로코 등에서 착용해요.

◀ 얼굴만 드러내고 온몸을 덮는 차도르

예전에 이슬람 문화권에서는 얼굴을 가리지 않는 여성을 행실이 좋지 않은 여성으로 여겼다고 해요. 그리고 이슬람교의 가르침 가운데 해석에 따라 차이가 있지만, 기본적으로 여성은 정숙하게 차려입으라는 내용도 있어요.

히잡은 이슬람 국가에서 여성을 억압하는 문화라고 말하지만, 서양 여성들도 비록 히잡은 아니지만 머리카락을 가리는 모자를 썼지요.

역사적으로 보면, 이슬람 국가뿐만 아니라 유럽이나 아메리카도 그렇고 우리나라도 여성의 지위가 남성보다 상당히 낮았답니다.

◀ 머리부터 발끝까지
전체를 덮는 부르카

왜 혀를 내밀고 위협적인 춤을 출까요?

여러 남성들이 줄을 맞춰 발을 구르면서 허벅지를 내려치기도 하고, 가슴과 팔꿈치를 치면서 우렁차게 뭐라고 함께 외쳐요. 그러다가 위협인지 조롱인지 혀를 내밀기도 하면서 격렬하게 춤을 추지요.

이 춤은 하카(haka)로 뉴질랜드 마오리족 전통춤이자 의식이에요. 하카는 부족마다 또는 상황에 따라 다양해요.

싸움을 하기 전에 전투력을 끌어올리는 전투 하카가 있고, 손님을 맞이하는 하카, 장례식장이나 결혼식에서의 하카 따위가 있어요.

종목을 가리지 않고 뉴질랜드 국가대표 선수들은 국제대회에서 경기 전에 하카를 선보이는 것으로 유명해요. 그중에서 가장 유명한 것은 뉴질랜드 럭비 유니언 국가대표팀인 '올블랙스(All Blacks)'의 하카이지요. 1905년 영국 원정 경기에서 처음 선보인 뒤에 지금까지 이어지는 전통이라고 합니다.

하카는 사실 생존을 위한 춤이라고 해요. 예전의 마오리족은 사람이라면 누구든 초자연적인 힘인 마나(mana)를 지녔다고 믿었대요. 마오리족은 매우 계급적인 사회로, 제일 높은 계급이 족장과 전사들, 아래 계급은 여성과 노예였지요.

마오리족은 문신(글자 문文, 몸 신身. 살갗을 바늘로 찌르거나 칼로 상처를 내어 먹물이나 물감으로 글씨, 그림, 무늬 따위를 새김)으로 계급을 나타내기도 했어요. 그래서 계급이 높을수록 또는 적의 모든 것을 빼앗음으로써 마나를 흡수할 수 있다고 생각했지요. 그러니 부족 간에 갈등이 벌어져 전쟁이 시작되면 인정사정없이 싸웠어요. 왜냐하면 전쟁에서 지면 상대 부족에게 가차없이 목숨을 잃거나 노예가 되어야 했으니까요.

◀ 뉴질랜드의 폴리네시아 원주민 마오리족은 상대방을 위협할 때 혀를 내밀어요.

▶ 코와 코를 두 번 부딪치는 마오리족 인사 '홍이(hongi)'

이런 식으로 무자비한 전쟁을 치르면서 갈등을 해결한다면 살아남을 사람이 없겠지요? 이러한 전쟁을 대신한 것이 바로 하카예요. 갈등이 생기면 부족끼리 서로 마주 보고 하카를 추었다고 하지요. 상대방의 하카를 보고 족장이 자신들이 좀 약하다고 판단되면 조용히 물러나서 전쟁도 없고 다치는 사람 없이 끝냈다고 해요. 만약 양쪽 모두 물러서지 않으면 끔찍한 전쟁이 일어나는 거지요.

마오리족은 1320~1350년 무렵에 카누를 타고 뉴질랜드에 정착한 부족으로, 이름은 '보통의'라는 뜻이에요. 마오리족 스스로는 '탕가타 훼누아(tangata whenua, '땅의 사람들')'라고 한답니다. 땅의 사람들답게 고구마 농사와 돼지를 기르며 살았고, 뉴질랜드에서 뿌리내린 최초의 사람들이지요. 마오리족이 뉴질랜드에 도착하기 전에는 사람이 없었다고 하거든요.

마오리어로 뉴질랜드는 '아오테아로아 (Aotearoa)'라고 하는데 '하얗고 긴 구름'이라는 뜻이에요. 현재의 뉴질랜드라는 이름은 뉴질랜드에 처음 발을 내디딘 네덜란드 탐험가 아벌 타스만(Abel Tasman, 1603~1659년)이 네덜란드의 제일란트(Zeeland)주의 이름을 따서 '새로운 제일란트'라는 뜻을 영어식으로 표기한 거예요.

▲ 뉴질랜드의 국가 연주가 끝난 뒤 뉴질랜드 럭비 국가대표팀인 올블랙스가 하카를 선보이고 있어요.

왜 몸에 그림을
그릴까요?

문신은 영어로 타투(tattoo)라고 표기해요. 앞에서 살펴보았듯이 살갗을 바늘로 찌르거나 칼로 상처를 내어 먹물이나 물감으로 그림이나 무늬, 글씨를 새기는 것이지요. 아주 오랜 옛날부터 문신은 여러 지역에서 몸을 장식하거나 종교의식 또는 성인식을 치르는 사람의 몸에 새겼어요. 또 뉴질랜드의 마오리족처럼 신분을 상징하기도 했지요.

세계 여러 나라에는 다양한 문신이 있어요. 몸에 자신의 개인사(개인이 살아온 과정이나 겪은 일)나 부족의 역사를 새기거나 병을 치료할 수 있다는 믿음으로 아픈 부위에 새기기도 했다지요.

다른 한편으로, 부모에게서 물려받은 몸을 온전하게 지키는 것이 효도라고 생각하는 유교의 영향을 받은 나라에서는 문신을 몹시 부정적으로 생각했어요. 우리나라나 중국 등에서는 죄인과 노비에게 문신의 한 가지로 낙인(쇠붙이로 만들어 불에 달구어 찍는 도장. 목재나 기구, 가축 따위에 주로 찍고, 예전에는 형벌로 죄인의 몸에 찍기도 했어요)을 찍었거든요. 얼굴이나 팔에 문신처럼 죄명(죄의 이름)을 새기는 형벌도 있어요. 한자로 '경형(묵형할 경黥, 형벌 형刑. 먹으로 죄명을 찍어 넣던 형벌)'이라는 형벌을 '경을 치다'라고 하며, '경을 칠 놈'이라는 욕설(남의 인격을 무시하는 모욕적인 말)이 여기서 비롯되었어요.

또 사랑하는 사람이 생겼을 때 두 사람의 이름을 몸에 새기기도 했고, 전쟁터에 나가는 사람의 이름이나 혈액형 따위를 몸에 새기기도 했지요. 그밖에 제2차 세계대전 당시 독일의 유대인 강제 수용소에서는 유대인의 팔에 수용소 번호나 삼각형 또는 알파벳을 새기기도 했어요.

지금 문신은 가족이나 집단을 상징하는 표시로 새기기도 하고, 자신을 좀 더 돋보이려고 새기기도 하지요. 그리고 흉터를 가리기 위해서나 머리카락이 너무 빠져서 정수리가 휑할 때 문신을 하거나 눈썹 화장을 대신하여 눈썹 문신을 하는 따위로 실용적인 부분도 있어요.

◀ 문신을 한 뉴질랜드 마오리족장의 초상화(시드니 파킨슨, 1769년)

콥트교 신자로 이마에 콥트 십자가 문신을 새긴 에티오피아 여성

　하지만 건강 면에서 보면 문신은 별로 좋지 않다고 해요. 먼저, 문신하는 과정에서 세균 따위가 피부에 스며드는 감염 위험이 있어요. 또 체온을 조절하려면 피부에서 땀을 배출해야 하는데 문신을 하면 피부에 넣은 먹물이나 물감 때문에 체온조절(체온을 일정하게 유지하려는 작용) 능력이 떨어지고, 이에 따라 체력 회복이 더디게 되지요. 그러니 보통 사람들보다 훈련하느라 땀을 많이 흘리는 운동선수에게는 문신이 나쁜 영향을 미치겠지요?

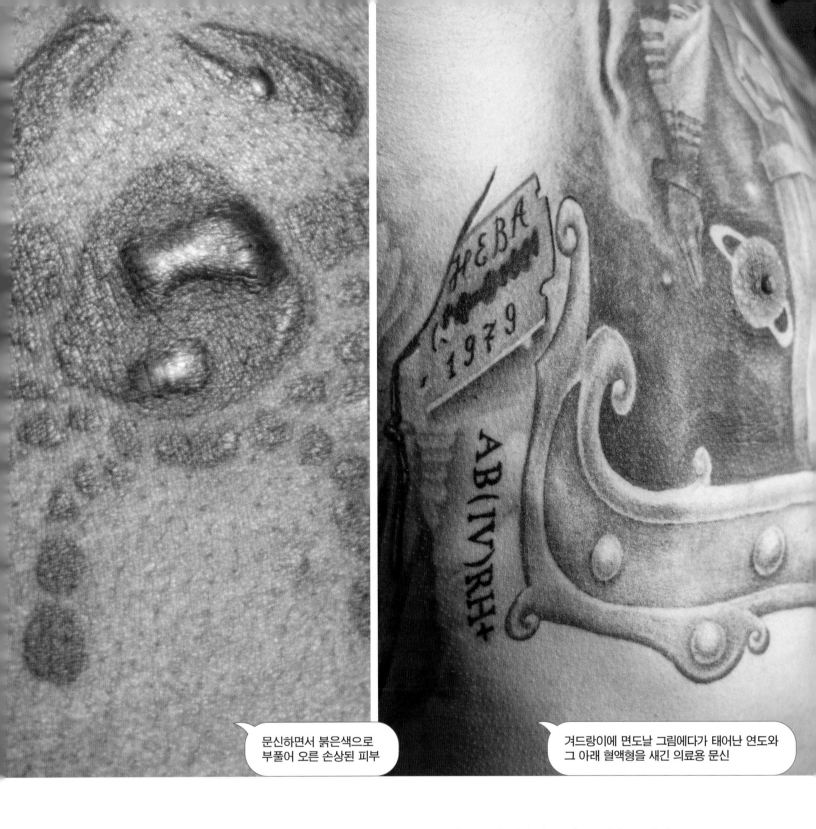

문신하면서 붉은색으로
부풀어 오른 손상된 피부

겨드랑이에 면도날 그림에다가 태어난 연도와
그 아래 혈액형을 새긴 의료용 문신

피부를 뚫고 염색하는 문신은 쉽게 지우지 못해요. 지우는 방법은
빛을 쏘이는 레이저로 피부를 긁어내야 하는데 통증이 무척 심하다
고 하지요. 게다가 완전히 깨끗해지지 않고 비용도 많이 든다고 해요.
　지워지지 않는 문신과 다르게, 식물에서 뽑아
낸 염료인 헤나(henna)로 피부 겉면을 염색하
기도 하는데, 헤나는 시간이 지나면서 점
점 흐려지다가 없어진다고 해요.

"
립스틱이 여성들의
무기라고요?
"

립스틱(lipstick)은 입술에 색을 입혀 모양새를 또렷하게 하려고 바르는 화장품으로, 입술 화장은 약 5,000년 이전부터 해 왔다고 추측해요.

립스틱이라는 낱말은 1900년대에 생겼으며, 이 낱말이 쓰이기 전에는 프랑스어로 붉은색을 뜻하는 '루주(rouge)'라고 불렀어요. 우리나라에서는 아주 오랜 옛날부터 연지(입술이나 뺨에 찍는 붉은빛의 염료) 화장을 했지요.

예부터 벌레나 황토 조각, 염료 따위에서 붉은색을 뽑아내어 치장한 입술 화장은 사회적 지위를 나타내거나 의식과 주술에 쓰였으며, 아주 오랜 옛날에는 남녀 모두가 사용하기도 했어요.

또 사회적으로 신분이 높은 사람들은 낮은 계급의 사람들과 확실하게 다름을 보여 주려고도 했지요. 얼굴이 구릿빛으로 그을린 일하는 사람들과는 확실히 구별되게, 일하는 사람들을 부리는 사람은 하얀 얼굴로 치장해서 우월감(남보다 낫다고 여기는 생각이나 느낌)을 나타내는 방식으로요. 자연스럽게 입술 화장도 따랐겠지요.

1800년대에 이르러 사람들의 인식(사물을 분별하고 판단하여 앎)이 바뀌면서 화장으로 치장하며 사치스럽게 생활하던 상류층을 비난하게 되었고, 화장품도 사라지게 되었어요. 그러면서 화장은 배우나 특별한 여성들이 하는 것으로 받아들이게 되었고, 화장을 하는 것은 뻔뻔스럽고 무례한 일로 여기기까지 했지요.

우리나라도 많은 여성들이 화장을 했답니다. 삼국시대를 거쳐 통일 신라 시대 그리고 고려 시대에는 화려한 화장으로 치장했지만 조선 시대에 이르러서는 소박하게 화장을 했답니다. 그 까닭은 조선 시대의 유교 문화에서 비롯된 영향도 있지만 여러 차례 전란을 겪은 탓도 있어요. 대체로 기생들은 화려하게 화장을 했고, 양반집 여성들은 은은하고 수수하게 화장했다고 해요.

1800년대부터 1920년대 이전까지 서양 여성들은 종교적 가르침, 문화적 전통 따위의 이유로 립스틱을 바르는 것을 피했어요. 얼굴을 바꾸는 것은 신의 창조에 따르지 않는 것이라고 믿었기 때문이지요.

지금의 막대 모양으로 립스틱을 처음 만든 것은 1870년 프랑스의 화장품 회사였어요. 1900년대 초반에는 원통형 금속 용기에 담아 용기 옆에 달린 작은 막대로 미는 립스틱이 사용되다가 지금처럼 돌려서 사용하는 립스틱은 1923년 미국에서 처음 선보였어요.

나라에 적이 쳐들어오면 창이 무기일 때는 창을 들고, 총이 무기일 때는 총을 들고 싸우듯, 여성들은 자신들의 권리를 찾기 위해 립스틱을 무기로 사용하기도 했어요.

지금처럼 남녀 모두에게 선거권이 평등하게 주어진 것은 놀랍게도 그리 오래된 일이 아니에요. 1912년, 미국 뉴욕시에서 여성의 투표권을 보장하라는 시위가 벌어졌어요. 이때 시위에 참여한 여성운동가 1만 5천 명에게 화장품 회사에서 립스틱을 제공했다고 합니다. 운동가들은 여성스럽게 예쁜 옷을 입고 저항하는 뜻에서 사회적으로 금지된 빨간색 립스틱을 발랐다고 하지요.

또한 제2차 세계대전 기간인 1939년부터 1945년까지 화장은 전쟁이라는 폭력적 남성 지배 구조를 무너뜨리는 데 쓰였다고 하며, 아돌프 히틀러가 멸시(업신여기거나 하찮게 여겨 깔봄)했던 빨간색 립스틱은 강인한 여성성과 애국심의 상징이 되었지요.

이후 립스틱은 자율적(스스로의 원칙에 따라 어떤 일을 하거나 스스로를 통제하여 절제하는 것)이고 활동적인 주체로서 스스로 기쁨을 느끼고 자기 취향대로 선택할 수 있는 여성임을 상징하게 되었어요. 또 '여성이 즐거움과 만족을 얻기 위해 바르는 립스틱'이라는 마케팅(제품을 생산자로부터 소비자에게 원활하게 이전하기 위한 기획 활동)이 호응을 얻었다고 해요.

립스틱을 바른 여성들의 사진이라든가 영화 속에서 립스틱을 바른 여배우의 모습은 대중에게 큰 영향을 끼쳤어요. 특히 1950년대에는 영화배우 마릴린 먼로와 엘리자베스 테일러가 짙은 붉은색 입술을 유행시켰다지요.

▲ 참정권을 위해 미국 워싱턴 D.C.의 국회의사당 앞에 모인 여성들(1914년)

1951년 조사에 따르면, 십대 소녀의 3분의 2가 립스틱을 바른 것으로 나타났어요. 마침내 사회 분위기가 바뀌어 1960년대에는 립스틱이 여성의 상징물이 되었고, 심지어 립스틱을 바르지 않은 여성을 이상하게 여길 정도였다고 해요.

"상투를 틀던 옛사람들은 평생 머리를 자르지 않았나요?"

옛날에는 머리카락을 지금처럼 다양한 모양으로 다듬는 것이 쉽지 않았을 거예요. 그래서 길게 자란 머리카락을 모아 머리 위로 틀어 올려 매는 것이 편했겠지요. 이러한 머리 모양을 상투라고 합니다. 우리나라를 비롯해 중국, 일본 등지에서 했던 남성들의 머리 모양새이지요.

상투의 흔적은 고구려의 고분벽화나 신라의 토기 기마상에서도 찾아볼 수 있어요. 이처럼 우리나라에서는 아주 오랜 옛날부터 남성이 결혼하거나 성인식을 치른 뒤 상투를 틀었지요. 결혼하지 않았는데도 틀어 올린 상투를 '외자상투' 또는 '건상투'라고 했어요. 이렇게 건상투를 튼 이유는 가정 형편이 좋지 않거나 몸이 좋지 않아 결혼하지 못했을 때 나이에 상관없이 주위 사람들이 업신여겼기 때문에 이를 피하려고 상투를 틀었던 거지요.

고려 시대에는 몽골(원나라)의 영향으로 머리 뒷부분만 남기고 나머지 부분을 깎아 뒤로 길게 땋아 늘인 몽골식 변발을 했지만, 대체로 조선 시대까지 상투가 이어져 왔어요. 특히 조선 시대에는 부모에게서 물려받은 몸에 함부로 손대지 않는 것이 효도의 시작이라는 유교의 영향이 컸어요.

▶ 1895년 단발령에 따라 상투를 자른 고종 황제(1897년)

그런데 상투를 틀면서 머리카락을 평생 자르지 않았다는 오해와는 달리, 실제로는 머리카락을 일부 잘랐다고 해요. 상투 틀 정도만 남기고 잘랐는데 자른 머리는 가발을 만들거나 조상께 바쳤다고 하지요.

　또 머리카락을 정수리(머리 꼭대기)에 모두 틀어 올리면 열이 빠져나가지 못해 덥고 불편하여 정수리 부분의 머리를 깎아내 바람을 통하게 하고 나머지 머리만을 틀어 올렸다고 하지요. 이것을 '배코친다'라고 해요. 조선 시대에 이르러 달걀만 한 상투가 인기가 높아 머리를 자르거나 더 길러서 그 크기를 조절했다고 해요.

▼ 1881년에 조직된 별기군. 상투를 틀고 갓을 쓴 우리나라 최초의 현대식 군대인
　별기군의 훈련은 일본 장교가 맡았어요.

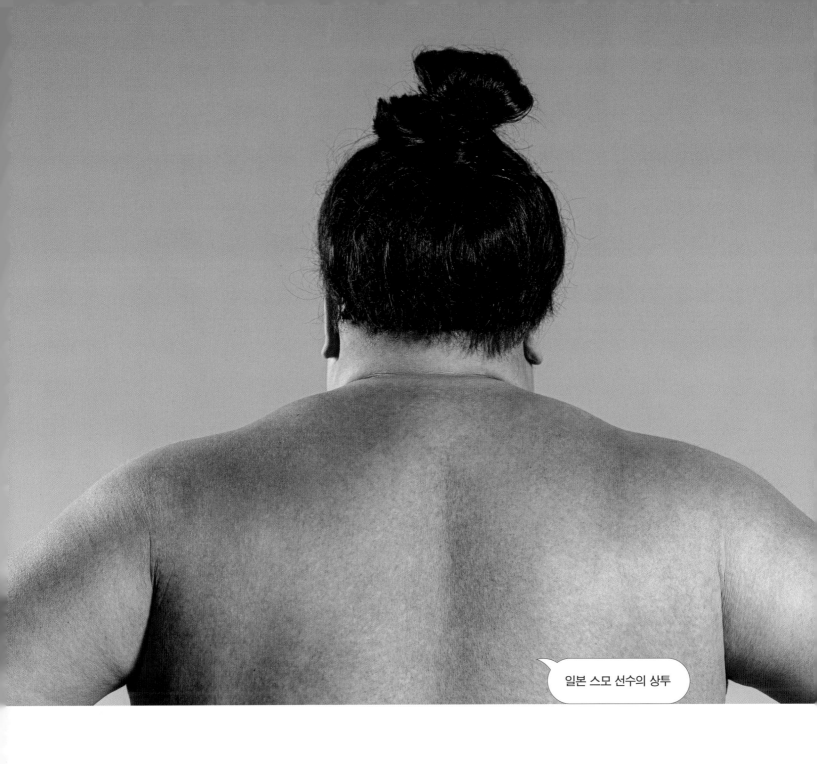

일본 스모 선수의 상투

　상투를 틀지 않으면 아무리 나이가 많아도 사람들에게 어른으로 대우받지 못하는 조선 사회에서 상투를 잘리게 된 사건이 일어났어요. 바로 단발령이지요. 1895년, 일본의 강요로 단발령이 내려졌고, 고종을 비롯한 조정 대신들이 먼저 상투를 자르고 머리를 깎았지요.

　곧이어 백성들의 상투가 강제로 잘려 나가고, 그 결과 일본이 모든 것을 조종한다고 생각한 백성들의 불만이 폭발해 마침내 의병을 조직하고 일본에 항거하는 사건(을미의병, 1895~1896년)이 일어나기도 했답니다.

"
막대기 모양의 장신구,
비녀로 신분을 알 수
있었다고요?
"

남성이 어른이 되었음을 보여 주는 것이 상투라면 여성에게는 쪽머리(또는 쪽찐머리)가 있었어요. 쪽머리를 사전에 나와 있는 대로 옮기면 '시집간 여자가 뒤통수에 땋아서 틀어 올려 비녀를 꽂은 머리'를 말해요.

비녀는 깔끔하게 틀어 올린 머리가 풀어지지 않게 고정하거나 꾸미는 장신구이지요. 비녀처럼 머리를 꾸미는 장신구는 아주 오랜 옛날부터 우리나라뿐만 아니라 전 세계에서 사용했어요. 금이나 은 그리고 구리나 놋쇠로 만들기도 했고 소박하게 나무로 만들기도 했지요.

재료와 형태에 따라 용도나 이름이 다른 비녀는 사회적 지위를 나타내기도 했어요. 금과 은·옥·진주 따위로 만든 비녀는 주로 상류층에서, 나무·뿔·뼈 따위로 만든 비녀는 서민층에서 주로 사용했지요. 봉긋한 비녀 머리(잠두) 장식에 따라 봉잠, 용잠, 원앙잠, 매죽잠, 목련잠, 국화잠 따위로 구분했어요. 왕비와 세자빈은 봉황과 용으로 장식한 봉잠과 용잠을 꽂았지요.

비녀는 기다란 모양의 잠(簪, 비녀)과 'U' 자 모양에 장식이 달린 채(釵, 비녀 채) 두 종류로 나뉘어요. 풀꽃인 '옥잠화'는 꽃이 피기 직전의 봉오리가 옥으로 만든 비녀(잠)를 닮았다 해서 붙여진 이름이지요. 비녀는 주로 여성들이 사용했지만, 남성들이 상투를 고정하기 위해 사용하기도 했어요.

비녀(잠과 채)는 삼국시대부터 사용했다고 하며 신분에 따라 재료나 장식이 달랐지요. 고려 시대까지 주로 채를 사용했지만 조선 시대에 가체의 사치가 심해지자 영조 때부터 가체를 대신해서 잠을 사용하기 시작했어요. 결혼한 여성들은 사회적인 신분을 드러내기 위해 잠두 모양을 다양하게 장식했답니다.

결혼하지 않은 여성은 머리를 길게 땋았다가 결혼하면서부터 쪽찐머리에 비녀를 꽂았어요. 이에 빗대어 여성이 시집가는 것을 가리켜 '머리 올리다'라는 표현이 생겨났지요.

◀ 잠과 채(왼쪽 아래 두 개)로 장식한 머리

잠(왼쪽)과 채(오른쪽)

댕기

상투와 마찬가지로 여성이 결혼해야만 비녀를 꽂는 것은 아니었다고 해요. 여성들은 만 15세가 되면 쪽을 찌어 비녀를 꽂는 의식(계례)을 치렀어요. 이 계례는 약혼한 여성이 올리던 성인 의식이기도 했어요.

우리나라와는 달리, 일본에서의 비녀는 결혼을 했고 안 했고의 구별이 아니라 머리 장신구의 역할이 크다고 해요. 그래서 나이를 가리지 않고 장신구로 착용하는 모습을 쉽게 볼 수 있지요.

우리나라 머리 장신구 가운데 댕기가 있어요. 댕기는 땋은 머리를 묶고 장식하는 것으로 삼국시대부터 이어져 온 우리나라 전통 리본이라 할 수 있지요. 댕기는 남녀 모두가 사용했던 장신구예요.

또 결혼식이나 장례식, 궁궐의 행사 등 여러 의식에서 여성들이 머리에 쓴 전통 쓰개의 하나인 족두리가 있어요. 족두리는 고려 말 몽골에서 전해졌다고 하며, 조선 시대 영조(1724~1776년)와 정조(1776~1800년) 때 여성들의 사치품이 되었던 가체 대신 족두리를 쓰게 했다고 해요. 이 족두리도 지나치게 화려한 장식이 문제가 되어 검소하게 꾸민 족두리를 사용하게 했답니다.

족두리

꽃봉오리가 비녀를
닮은 옥잠화

일본의 옛 시대를 배경으로 한 영화나 만화 따위를 보면 남성의 머리 모양새가 머리 앞부분은 밀고 뒷머리는 우리나라의 상투처럼 틀어 올려 묶은 형태이지요. 이를 '촌마게'라고 해요. 또 뒷머리를 땋아 내린 중국 청나라 사람들의 머리 형태는 '변발'이라고 합니다. 중국에서는 변발보다는 삭발을 뜻하는 '치발'이라는 표현을 더 많이 쓴다고 해요.

일본이나 중국에선 머리카락을 싹 밀어 버리는 것도 아니고, 왜 일부분만 밀었을까요?

머리카락 형태를 살펴보기 전에 먼저 짚고 넘어가야 할 것이 일본의 사무라이예요. 사무라이는 귀족을 경호(위험한 일이 일어나지 않도록 미리 조심하고 보호함)하는 일본의 무사 계급이에요. 사무라이라는 이름은 '시중들다'라는 뜻에서 비롯되었다고 하지요. 이후 각 귀족 세력들이 전쟁을 치르면서 사무라이는 일반 백성보다 지위가 높은 지배층이 되었고, 칼을 차고 다닐 수 있는 특권계급(사회적으로 특별한 권리를 누리는 신분이나 계급)이었다고 해요. 시간이 흐르면서 그 지위가 흔들려 특권계급으로서의 권력은 사라졌지만 일본 문화에 깊숙하게 자리하고 있답니다.

일본 사무라이 머리 형태인 촌마게는 원래 머리 위를 묶는 형태에 가까웠다고 해요. 많은 귀족 세력들의 크고 작은 전쟁이 끊이지 않았던 일본의 혼란기인 전국시대(1467~1573년)에 윗머리를 미는 것이 유행하게 되었다고 하지요. 이는 투구를 쓰고 전쟁을 벌이는 무사들이 머리에 땀이 많이 나서 어쩔 수 없이 머리를 밀어야 했기 때문이지요. 그래도 관복을 갖춰 입고 관모(칸무리)를 써야 했기에 관모를 고정할 때 필요한 머리카락은 남겨두었어요. 이때 남아 있는 머리카락을 틀어 올린 머리 형태가 촌마게의 시작이에요.

◀ 1800년대의 일본 이발소

▶ 1800년대의 사무라이

▲ 1400년대의 사무라이 갑옷

이후 무사 계급이 사회 중심 세력이 되면서 촌마게는 일반인에게도 널리 퍼지게 되었어요.

하지만 의사, 유학자, 승려 등은 머리를 밀지 않고 길러서 예전처럼 뒤로 묶었다고 하지요. 또 촌마게는 일정한 기간마다 머리를 밀어야 해서 비용이 많이 들었기에 사무라이 중에서도 형편이 좋지 않거나 검소한 사람은 촌마게를 하지 않았다고 해요.

촌마게는 계급이나 시대 등에 따라 머리 모양이 조금씩 달랐다고 합니다. 무사 세력이 무너지고 천황을 중심으로 일본의 정치·경제·문화 모든 분야에 걸쳐 근대화를 이룬 메이지 유신 직후인 1871년 일본 정부에서 단발령을 내리면서 촌마게는 사라지게 되어요.

중국의 몽골족과 거란족, 여진족(만주족) 등을 다룬 영화에서 이들도 변발한 것을 볼 수 있는데 이것도 전쟁과 관련이 있습니다. 촌마게와 마찬가지로 투구를 쓰고 싸움터에 나가면 머리가 뜨겁고 땀도 차기에 변발한 것이지요.

청나라 때의 변발

거란족의 변발

▲ 마을을 돌아다니며 머리를 깎아 주는 중국의 이발사(프랑스 파리에서 1858년 출판)

중국에서 변발이 가장 유행한 시기는 청나라 때(1616~1912년)라고 하지요. 중국은 여러 민족으로 이루어졌는데 청나라는 만주족이 세운 나라예요.

중국의 변발은 민족마다 조금씩 차이가 있었어요. 거란족은 양옆 머리카락을 조금만 남기고 다 밀었으며, 몽골족과 돌궐족은 앞머리와 양쪽 머리를 조금 남기고 구레나룻을 두 갈래로 길게 늘어뜨렸어요. 여진족(후에 만주족)은 앞머리만 밀고 뒷머리는 길게 땋았다고 해요.

청나라 시기에는 인구가 많은 한족에게 변발뿐만 아니라 옷도 만주족의 옷을 입으라고 강요했답니다. 변발은 만주족 통치에 복종하는 뜻이며, 만주족(청나라) 지배를 거부한 한족을 구별하는 데 도움이 되었다고 해요. 이에 따르지 않으면 반역죄로 처형했어요. 이런 과정을 거쳐 변발이 중국의 풍속으로 굳어졌지요.

"
중국의 치파오는
얼마나 오래된 옷일까요?
"

중국의 전통 옷으로 알고 있는 치파오(qipao)가 청바지보다 더 최근에 등장한 옷인 것을 알고 있나요?

치파오는 중국 여성이 입는 몸에 꼭 맞는 옷으로, 중국의 만주족의 전통 의상에서 비롯되었다고 하지요. 입는 사람의 왼쪽 옷깃이 오른쪽 옷깃을 덮는 형태로, 우리나라 한복이나 일본 기모노와 같은 방식이에요.

만주족의 전통 의상은 헐렁하게 발목까지 내려오는, 위쪽이 약간 좁은 형태(∧)였다고 해요. 1920년대에 이 의상을 서양식으로 개량해서 만든 치파오는 1960년대까지 중국에서 인기가 높았지요. 청나라가 무너지고 중화민국이 건국된 뒤, 사회 분위기에 맞춰 중국 상류층 여성들 사이에서 유행했어요.

치파오는 원래 만주족 남녀 모두가 입는 길고 헐렁한 옷을 가리켰지만, 현재는 여성용 옷을 가리켜요. 치파오는 치마 길이가 길거나 짧기도 해요. 또 소매 길이도 짧거나 아예 없기도 하지요.

치파오는 양털로 만든 양모나 비단 등 다양한 천으로 만들어요. 치파오는 지역마다 옷의 형태가 조금씩 달라 베이징 스타일, 상하이 스타일, 양쯔강 이남 지역을 가리키는 강남 스타일로 나뉘어요.

이 가운데 상하이에서 시작된 상하이 스타일 치파오는 1930년대부터 1940년대까지 '여성의 몸 해방'이라는 진보적인 의미를 담았으며, 이는 또한 '건강, 패션, 자연의 아름다움을 추구하는' 개념을 상징하게 되었다고 해요. 의도적으로 몸에 꼭 맞는 형태로 만들어 여성의 자연스러운 곡선미를 돋보이게 하는 데 중점을 두었지요. 이 스타일은 그동안 중국 사회를 지배했던 유교에 대한 중국 여성의 태도 변화를 표현한 것이라는 해석도 있어요.

▲ 베이징 스타일 치파오는 베이징에서 유래했으며, 전통적이고 보수적이에요. 중국 문화의 아름다움을 표현하며, 간결하면서도 화려하고 위엄 있는 옷이라고 할 수 있어요.

▲ 상하이 스타일 치파오(왼쪽)와 중국 서예와 그림이 아름답게 조화
를 이룬 강남 스타일 치파오(오른쪽)

머리카락

을 가느다란 새끼줄처럼 여러 갈래로 꼰 레게 머리, 영어로는 드레드록스(dread-locks)라고 하는데, 곧 '헝클어진 머리카락'이라는 뜻이에요.

1960년대 자메이카(카리브해에 있는 섬나라로, 미국 남쪽에 쿠바가 있고 쿠바 남쪽에 자메이카가 있어요)에서 시작된 음악의 한 갈래인 레게(reggae) 가수들의 머리 모양을 레게 머리라고 하지요. 우리나라에서 레게풍의 노래는 하하를 비롯한 여러 가수가 불렀습니다.

레게 머리가 알려진 것은 자메이카 음악의 인지도(어떤 사람이나 물건을 알아보는 정도)를 높이고, 세계적인 인물로 떠오른 가수 밥 말리(Bob Marley, 1945~1981년)에서 비롯되었어요. 밥 말리는 아프리카의 모든 토착민과, 노예로 끌려가 세계 각국에 흩어진 아프리카 혈통의 사람들이 함께하자는 전 세계적인 운동인 '범아프리카주의'를 지지한 것으로 알려진 가수이지요. 그는 아프리카의 전통을 지키고, 자연으로 돌아가자는 뜻으로 레게 머리를 했다고 해요.

사실 밥 말리가 이런 헝클어진 머리를 처음 한 것은 아니에요. 레게 머리는 전 세계의 많은 곳에서 다양한 이유로 하고 있었어요. 그러니 어느 것이 정답이라고 할 수 없지요.

각 지역마다 나이, 성별, 사회에서의 지위와 역할, 집단의 소속을 나타내거나 사람들을 땅의 영혼과 연결시켜 영적인 힘을 주고, 신들과 소통할 수 있게 한다는 믿음 따위의 이유로 레게 머리를 했답니다.

▶ 전 세계에서 가장 유명한 자메이카의 레게 가수 밥 말리의 그래피티 초상화

자메이카에서 헝클어진 머리는 이곳에 생겨난 종교인 라스타파리(Rastafari) 영향 때문이라고 해요. 이 종교의 교리에 따라 머리카락을 자르거나 빗질을 하지 않고, 소금물에 머리를 감으며 계속 손으로 꼬아 기른 것에서 시작되었다고 하지요.

진짜 레게 머리는 머리를 따로 정리하지 않고, 머리가 한데 뭉쳐서 잘 펴지지 않게 하려고 엄청난 시간과 노력을 기울인다고 해요. 이런 상태를 유지하면서 뿌리에서 자라는 새로운 머리카락을 끊임없이 관리해야 한답니다.

▼ 레게 머리

▲ 땋은 머리

우리는 보통 머리 전체나 부분적으로 땋은 머리를 레게 머리라고
하는데, 엄밀하게 따지면 레게 머리가 아니에요. 그래서 우리 주변
에서 진짜배기 레게 머리를 만나는 것이 어렵다네요.

" 청바지는
남편을 위한 아내의
주문에서 시작되었다고요?"

청바지(블루진blue jean)는 나무꾼인 남편을 위해 튼튼한 작업용 바지를 만들어 달라는 손님의 주문에서 비롯되었다고 해요.

주문을 받은 미국인 재단사 제이콥 윌리엄 데이비스(Jacob William Davis, 1831~1908년)는 튼튼한 천을 사용하면서 잘 뜯어지기 쉬운 솔기(옷이나 이부자리 따위를 지을 때 두 폭을 맞대고 꿰맨 줄)와 주머니의 약한 부분을 구리로 만든 리벳(rivet, 금속판 따위를 이어 붙이는 데 쓰는 대가리 부분이 두툼한 굵은 못)으로 단단히 고정시킨 바지를 만들었는데, 바로 그 바지가 청바지의 시작이었지요.

이때가 1871년이었어요. 데이비스가 만든 청바지는 튼튼하고 실용적이라고 소문이 났으며, 바지의 원단(모든 의류의 원료가 되는 천)을 공급하던 리바이 스트라우스(Levi Strauss, 1829~1902년)와 협력하여 1873년 특허(리벳으로 주머니 부분을 보강한 것)를 내고 대량으로 생산하게 되었어요.

지금은 청바지를 멋으로 입기도 하여 리벳으로 보강하지 않지만, 전통적인 청바지라면 리벳으로 마무리해야 해요. 리바이 스트라우스가 운영하던 회사가 청바지 회사로 유명한 지금의 리바이스(Levi's)예요.

▲ 리벳으로 보강한 청바지 주머니

▶ 우표로 발행된 제임스 딘의 초상화

　　청바지가 지금처럼 전 세계적으로
인기를 끌게 된 결정적 계기는 영화
였어요. 대표적인 영화는 1953년에 발표된 〈위험한 질주(The Wild
One)〉로, 배우 말런 브랜도(Marlon Brando Jr. 1924~2004년)가 청년 세
대의 반항기를 표현했다지요. 이 영화에서 청바지는 중요한 소재였
고 모터사이클, 가죽 재킷과 함께 반항적인 젊은이의 상징이 되었
어요.

　　뒤를 이어 말런 브랜도를 동경했던 배우 제임스 딘(James Dean,
1931~1955년) 또한 영화에서 청바지를 즐겨 입으면서 많은 사람들
에게 퍼져 나갔지요. 이후 청바지는 미국 이민자의 십대들 사이에
서 반항의 상징이 되었어요. 1960년대 이후부터 지금까지 청바지
는 젊은이들은 물론, 남녀노소 모두에게 아주 인기 있는 세계적인
상품이 되었지요.

　　청바지를 덜 세탁할수록 청바지가 더 좋아진다고 해요. 실제 청
바지를 파는 곳에서 듣는 얘기이기도 하지요. 그래서 세탁하지 않
고 청바지를 입으려면 냄새를 일으키는 세균을 죽이기 위해 청바지
를 얼리는 것이 좋다고도 하는데, 이는 사실이 아니라고 해요.

▲ 1950년대 청년 문화의 상징인 말런 브랜도

찾아보기

그림 출처

9쪽   Djehouty / https://commons.wikimedia.org (CC BY-SA 4.0)

16쪽   The History of Witches and Wizards(1720) / https://commons.wikimedia.org (CC BY 4.0)

17쪽   Pierre-Yves Beaudouin / https://commons.wikimedia.org (CC BY-SA 4.0)

21쪽   Nicolas Sanson / https://commons.wikimedia.org (CC BY-SA 4.0)

22쪽   아래 JoJan / https://commons.wikimedia.org (CC BY-SA 3.0)

23쪽   위 Rama & the Shoe Museum in Lausanne / https://commons.wikimedia.org (CC BY-SA 2.0)
       아래 Pietro Bertelli / https://www.metmuseum.org

26쪽   Bundesarchiv, Bild 116-127-075 / https://commons.wikimedia.org (CC-BY-SA 3.0)

27쪽   위 오른쪽 For. Arfo / https://commons.wikimedia.org (CC BY 4.0)
       아래 Queensland Museum / https://ast.wikipedia.org (CC BY-SA 3.0)

29쪽   Erik Liljeroth, Nordiska museet / https://commons.wikimedia.org (CC BY 4.0)

30쪽   국립국어원 / https://commons.wikimedia.org (CC BY-SA 2.0 kr)

36쪽   Harry Pot / https://en.wikipedia.org (CC BY-SA 3.0 nl)

38쪽   아래 Fido / https://en.wikipedia.org (CC BY 2.0)

40쪽   Thesupermat / https://en.wikipedia.org (CC BY-SA 2.5)

41쪽   Berkh / https://en.wikipedia.org (CC BY-SA 3.0)

42쪽   위 Scandibay / https://en.wikipedia.org (CC BY-SA 3.0)

46쪽   H.Hmoderato / https://en.wikipedia.org (CC BY-SA 4.0)

47쪽   Khalili Collection of Kimono / https://en.wikipedia.org (CC BY-SA 4.0)

54쪽   Gurvindergpk / https://en.wikipedia.org (CC BY-SA 4.0)

58쪽   National Library of Israel / https://en.wikipedia.org (CC BY 4.0)

59쪽   Rod Waddington / https://en.wikipedia.org (CC BY-SA 2.0)

63쪽   Uwe Brodrecht / https://en.wikipedia.org (CC BY-SA 2.0)

64쪽   Bernard Gagnon / https://en.wikipedia.org (CC BY-SA 3.0)

65쪽   Monkeyji / https://en.wikipedia.org (CC BY-SA 2.0)

66쪽   William Warby / https://en.wikipedia.org (CC BY 2.0)

67쪽   Senado Federal / https://en.wikipedia.org (CC BY 2.0)

77쪽   Steifer with help of Gytha / https://commons.wikimedia.org (CC BY 3.0)

79쪽   Mike Baird / https://www.flickr.com

82쪽   Moe Gieni / https://uz.wikipedia.org (CC BY-SA 4.0)

83쪽   Jamal Nazareth / https://arz.wikipedia.org (CC BY 3.0)

86쪽   Raimundo Pastor & Pilar Pastor / https://en.wikipedia.org (CC BY-SA 4.0)

87쪽   Zivya / https://en.wikipedia.org (CC BY-SA 3.0)

94쪽   Rod Waddington / https://en.wikipedia.org (CC BY-SA 2.0)

95쪽   왼쪽 Htirgan / https://en.wikipedia.org (CC BY-SA 3.0)
       오른쪽 Tatoo: Anton Ivkin, Photograph: Alexander Kuzovlev / https://en.wikipedia.org (CC BY-SA 4.0)

102쪽 Koreanidentity10000 / https://en.wikipedia.org (CC BY-SA 3.0)

107쪽 위쪽 SJ Yang / https://en.wikipedia.org (CC BY-SA 2.0)

108쪽 https://wellcomecollection.org/works/du2qcs2d (CC-BY-4.0)

110쪽 왼쪽 Tokyo National Museum / https://en.wikipedia.org (CC BY 4.0)

114쪽 N509FZ / https://en.wikipedia.org (CC BY-SA 4.0)

115쪽 왼쪽 N509FZ / https://en.wikipedia.org (CC BY-SA 4.0)
       오른쪽 William Murphy / https://en.wikipedia.org (CC BY-SA 2.0)

120쪽 Ed Yourdon / https://en.wikipedia.org (CC BY-SA 2.0)

121쪽 Marcos André / https://en.wikipedia.org (CC BY 2.0)